编委会

顾　问：张春霞
主　编：沈艳凤
副主编：沈珍珍
编写者：孙伟青　秦秀娟　潘学琴　陈春红　吕文艳
　　　　朱琴红　沈　晴　朱芳英　杨晓华　孙　翊
　　　　刘佳宇　沈梦辰　刘小娟　范瑛钰　沈伊婷
　　　　钱方方　王弘阳

梦山书系

沈艳凤 ◎主编

幼儿园民间游戏课程故事

海峡出版发行集团
福建教育出版社

图书在版编目（CIP）数据

幼儿园民间游戏课程故事/沈艳凤主编. —福州：福建教育出版社，2021.3（2024.5重印）
ISBN 978-7-5334-8885-7

Ⅰ.①幼… Ⅱ.①沈… Ⅲ.①游戏课－学前教育－教学参考资料 Ⅳ.①G613.7

中国版本图书馆 CIP 数据核字（2020）第 204843 号

You'eryuan Minjian Youxi Kecheng Gushi
幼儿园民间游戏课程故事
沈艳凤　主编

出版发行	福建教育出版社
	（福州市梦山路 27 号　邮编：350025　网址：www.fep.com.cn
	编辑部电话：0591-83726908
	发行部电话：0591-83721876　87115073　010-62024258）
出 版 人	江金辉
印　　刷	福州报业鸿升印刷有限责任公司
	（福州市仓山区建新镇建新北路 151 号　邮编：350082）
开　　本	710 毫米×1000 毫米　1/16
印　　张	15.75
字　　数	258 千字
插　　页	1
版　　次	2021 年 3 月第 1 版　2024 年 5 月第 3 次印刷
书　　号	ISBN 978-7-5334-8885-7
定　　价	39.00 元

如发现本书印装质量问题，请向本社出版科（电话：0591-83726019）调换。

序

  这是苏州市吴江区横扇幼儿园老师的一本课程故事合集。

  我与横扇幼儿园的相遇相识是在2003年的一次座谈会上。时任园长的李炳珍（横扇幼儿园的老园长，已经退休）给我留下了很深刻的印象，她告诉我，我的一个学生（沈艳凤，现任园长）在她们幼儿园负责教育科研。也就是从那个时候起，我知道了横扇幼儿园做的课题是关于民间游戏方面的。再后来，我慢慢知道了更多关于她们在课题研究方面的故事。

  对民间游戏的研究，她们一做就是十七个春秋。初始，她们研究的是民间体育游戏，继而扩大到民间游戏。研究的初衷，是通过对民间游戏的收集和改造，丰富幼儿的户外体育活动；后来幼儿玩出了兴趣，也有了新的问题，于是老师们顺应幼儿需要，在兴趣和问题的基础上，创设了很多活动，使幼儿园的课程内容呈现多样性。就这样，日积月累，成就了她们的民间游戏课程。

  随着课程建设的不断深入，老师们的课程意识、对课程的敏感以及开发课程的能力都不断得到提升。在这个过程中，最大的改变是儿童观的改变，儿童观的改变又促进了老师们课程观的改变。她们开始聚焦儿童游戏，努力地发现儿童的兴趣，发现儿童的问题；努力地支持儿童，支持儿童为解决问题而进行的探究，帮助儿童在游戏和探究中成长。正如她们的这本书的主题：游戏、探究、成长。

  她们追随儿童，发现儿童，支持儿童，记录了许多在课程实施中关于儿童的故事。于是，就有了这本故事集。

  透过这些故事，我们看到了儿童和教师的成长，也感受到了横扇幼儿园老师们的敬业、专注和执着……她们在记录孩子们的同时，也在书写着自己的故事。

  我们期盼着，期盼听到更多的课程故事，关于儿童的和老师的。

苏州幼儿师范高等专科学校　张春霞
2020 年 10 月

前言

游戏　探究　成长
——我们的民间游戏课程故事

《玩具总动员》编剧安德鲁·斯坦顿说:"我们与生俱来喜欢听故事,故事可以证明我们是谁。我们都想证明自己的生活是有意义的,没有什么比故事更能做到这一点。它能够跨越时间的障碍,无论过去、现在还是未来;它允许我们体验我们和其他人、真实与幻想之间的各种相似支持。"

每个人都有自己的故事,每个班级都有自己的故事,只要你足够用心,就能找到一个好故事。在幼儿园里,每个孩子都有属于自己的故事,每个班级的故事就是由孩子们各种各样的故事所组成的。孩子的成长就是由各种各样的故事所组成的,课程的成长也是由各种各样的课程故事所组成的。

民间游戏之所以经久不衰,是因为其自身具有的传承性。每一种游戏在不同的地区、不同的时代有着不同的玩法,民间游戏是在不断地被创造着。每一个民间游戏都是一个源远流长的故事,每一个故事都连接着你我的过去、现在与未来。民间游戏将民间文化、儿童文化代代传承下去。

在我们的民间游戏课程中,孩子们在某一种民间游戏的活动中不断探究游戏的玩法,延伸出不同的活动,成就由一个民间游戏到一个主题活动的深入推进;教师们在某一种民间游戏中跟随幼儿的兴趣点,支持幼儿的各种想法,提供各类课程资源,成就了民间游戏课程的建设。

探究民间游戏的起源和延展,感受儿童文化,践行游戏精神,就是我们民间游戏课程的建构之路,也是我们民间游戏课程故事的书写之路。这些故事反映了我们课程的核心:依托幼儿园开发的各类课程资源,以某种幼儿感兴趣的民间游戏为切入口,以问题为导向,以游戏为基本形式,以教学、生活、社会实践等多样化活动为途径,促进幼儿经验的发展。

民间游戏课程建设是一个循序渐进的过程。十多年来,我们从一个班级、一个主题的生成,到抱团走、分层走,再到近期的齐步走。我们在课程的架构上强调的是生成与动态。在主题活动实施中,我们强调问题导向,关注幼儿感兴趣的问题,以探究问题的解决为线索,推进主题活动的不断深入。这也是我们民间游戏课程故事之所以发生的最根本的原因。在我们的课程故事里记录的就是教师追随幼儿感兴趣的问题，一起探究问题的过程。这种教学策略，让原本预设的活动，往往要让步于生成的问题探究活动。为确保主题内容从预设走向生成，教师通过专业的观察与评价，了解幼儿的真实需求，判断课程计划是否适宜。在观察与评价中，借助幼儿园三级审议制度，做出课程实施的决策，不断优化课程，促进幼儿经验的发展，实现课程从预设到生成的转变与统一，实现儿童与教师在课程中的共同成长，演绎出一个又一个精彩的课程故事。

跟随儿童，观察儿童，记录故事，讲述故事，让我们和儿童时时刻刻在一起，让故事成为我们与儿童最亲密的联结点，让我们可以回到自己的童年，与儿童感同身受，成为儿童最亲密的游戏伙伴、最有力的活动支持者。在故事的进行中，在故事的分享中，我们回顾、反思自己的教育行为，我们修正自己的课程实施策略，我们和儿童一起成长，一起建构共同导引的课程。

虞永平教授说：幼儿园教育更在意关注的是学习的过程，关注孩子与外部世界的接触的经验。课程的过程意识就是经验意识，这是一种专业意识，即学前教育不同于其他教育阶段的特有的意识，也是一种入门素养。真正有价值的活动过程总是指向经验的，过程意识的确立有利于教育质量的提升，过程意识与教师的专业发展密切相关。课程故事的记录和分享，正是教师课程意识被唤醒的过程，正是教师专业意识提升的过程，正是教师实施优质学前教育的过程。

思想是21世纪的货币，而故事促进了它的流通。故事就像一盏明灯，阐释道理，鼓舞人心。在我们的课程建设中，我们通过记录故事、讲述故事、分享故事来阐明课程建设的理念，指引大家向着同一个方向努力，鼓舞着所有课程参与者。民间游戏课程故事中的儿童，他们游戏，他们探究，他们成长；民间游戏课程故事中的教师，认同游戏和生活对儿童的独特价值，和儿童一起探究问题、创设环境、分享经验，和儿童一起成长！

沈艳凤
2020年10月

目 录

小 班

炒炒毛豆翻跟头 ·· *3*

跳房子 ·· *15*

揪尾巴 ·· *27*

炒蚬子 ·· *39*

摇小船 ·· *50*

中 班

龙头龙尾 ·· *69*

木头人 ·· *83*

种豆豆 ·· *95*

七巧板 ·· *106*

找到最硬的壳 ·· *120*

大 班

娃娃推小车 ·· *135*

小车推上大马路 ·· *151*

跳绳挑战赛 ·· *164*

绳子的秘密 ·· *174*

洋片的故事 ………………………………………… 185

我是高跷王 ………………………………………… 201

抬花轿 ……………………………………………… 214

陀螺转呀转 ………………………………………… 226

后　记 ……………………………………………… 242

小 班

炒炒毛豆翻跟头

故事缘起

在我们横扇流传着"炒毛豆"的民间游戏,游戏时需要两个人面对面手拉手边念童谣边做翻转的动作。

炒、炒、炒毛豆,(手拉手并有节奏地左右摇晃)

炒好毛豆翻跟头,(当念到"翻跟头"时,两人同时将同一边的手举过头顶翻转手臂,身体分别往后转180°呈背对背状)

翻好跟斗订被子。(两手继续有节奏地左右摇晃,当念到"订被子"时,两人再次将同一边的手举过头顶翻转手臂,身体分别往后旋转180°呈面对面状)

我们班的"炒炒毛豆翻跟头"的课程故事,正是在这样的文化背景下展开的。在豆子成熟的秋季里,班级区域里新投放了各种豆豆,孩子们很喜欢把豆豆装在锅里不断翻炒。在分享游戏的时候,正好拍摄的视频里有小朋友翻炒豆豆的一个片段。

馨馨看着视频,用方言嘀咕着:"炒、炒、炒毛豆……"于是我说:"你能玩给我们看看吗?"馨馨拉着我的手叫我蹲下来,然后带着我边念边做动作。其他孩子都兴奋得乱成一团,自己找了个伙伴,模仿着玩了起来。放学的时候,我给孩子们布置了一个任务:"炒毛豆"游戏是爸爸妈妈小时候玩的游戏,可以跟他们一起玩一玩。晚上家长群里就炸开锅了,家长们都

在锅子里炒豆豆

在说不知道为什么孩子要跟他们一起玩"炒毛豆"游戏。我把白天孩子玩"炒毛豆"的情况和家长说了后,家长表示要带着孩子玩"炒毛豆"以及更多的民间游戏。但是像"炒毛豆"这样的民间游戏,在班级和同伴一起玩更有趣味性,于是我将"炒毛豆"游戏引入了班级。

一、我也要玩"炒毛豆"游戏

(一)一起来念"炒毛豆"的童谣

第二天来园,孩子们见到我的第一件事情,就是告诉我,家里人是怎样教他们念"炒毛豆"童谣的。

有的说是妈妈教的,有的说是爷爷教的,还有的说是姐姐教的……孩子们七嘴八舌地说着。

炒、炒、炒毛豆,
炒好毛豆翻跟头,
翻好跟斗订被子。

用方言念"炒毛豆"

孩子们都用生疏的横扇方言念着有趣的童谣,还互相模仿对方的方言发音,忽而大声念童谣,忽而哈哈大笑。

(二)我们的"毛豆"没有"炒"起来

孩子们一边念着童谣,一边跃跃欲试要玩"炒毛豆"的游戏。

琪琪说:"我会玩炒毛豆了,安安你和我一起玩吧。"

在教室里,琪琪跟安安一起玩起了"炒毛豆"游戏,其他孩子也找了个伙伴一起玩起来了。安安和琪琪没有成功,他们的手扭在了一起,其他小朋友也都失败了。

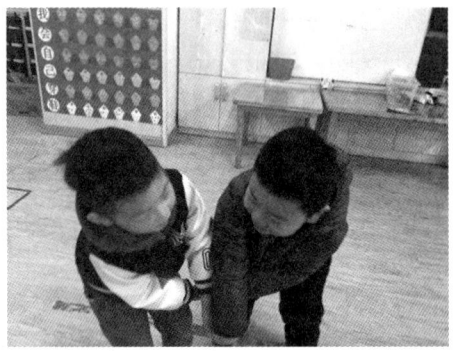

第一次"炒毛豆"

第一次玩"炒毛豆",孩子们的"毛豆"都没有"炒"起来。为什么都没有成功呢?我想让孩子们去发现其中的问题。于是,组织孩子们来一场"炒毛豆"的讨论，让孩子们说说自己是怎么玩的，为什么没有"炒"起来。

孩子们纷纷述说自己在游戏中遇到的问题：有的不知道往哪边钻，有的经常会摔倒，有的不会转身，还有的不会把手举高。

【幼儿的经验与学习】

孩子们通过向家长、向同伴学习用方言念童谣，感受方言的独特性，了解不同地区的方言是不同的。在童谣的学习和游戏的尝试中，幼儿对本地区的方言有了更深的感受，他们能切换方言和普通话两种语言，能发展他们多元表达，提升他们思维的复杂性。同时，在和成人、同伴的交流中，进一步提升了人际交往能力。尝试玩"炒毛豆"游戏时遇到了问题，孩子们能够用语言表述自己遇到的问题，可见孩子们有了初步的问题意识，并希望通过讨论解决问题。

【教师的思考与支持】

方言童谣让孩子们对"炒毛豆"这一民间游戏产生了更浓厚的兴趣，教师把握时机，给孩子们创设了说方言的机会。当孩子们都说自己会玩炒毛豆游戏，而与同伴一起玩时又遇到了种种问题时，教师尝试分析孩子们说的"会玩"的前提和"问题"的真正原因，并鼓励孩子们大胆说出自己遇到的问题，以此帮助孩子们总结问题原因，梳理出解决问题的方案。

二、为什么"炒"不了"毛豆"

随着对"炒毛豆"游戏中的问题的讨论，孩子们发现了几个关键问题。

"炒毛豆"的时候，两个人的手拉不起来；身体翻转的时候，站不稳，容易摔倒；不知道往哪边钻。

孩子们找到了自己的问题，我进一步引导孩子说说要怎么样才能玩好游戏。有孩子说，我们要手拉紧不能松开，也有孩子说我们要练习不摔倒，还有孩子说我们要找好方向，不能乱翻。

（一）我不摔倒了

什么游戏可以帮助孩子们练习不摔倒呢？

户外活动时，我带着小朋友们玩起了"迷迷转"的游戏。大家一边念着儿歌"迷迷转,迷迷转,大风吹来,快快站",一边学着老师的样子手臂伸平转圈圈。随着大家对游戏的熟练,儿歌越念越快,圈圈也越转越快。家家说:"这个迷迷转太快了,我要摔倒了。"

合作玩"迷迷转"

睿睿说:"我和你一起转吧。"说着两人手拉着手一起玩起了"迷迷转"。其他小朋友看到了,也都找好朋友一起玩起来了。

我看到后问:"你们这么多人一起转,能转起来吗?"欢欢说:"可以啊。我们转得很快也不会摔倒。"孩子们边念童谣边玩"迷迷转",有的单人转,有的两人以上合作转,可以控制转的速度并且能保证转的时候不摔倒。

(二)我会分清方向

孩子们说要认清方向才能玩好"炒毛豆"游戏。在开展区域游戏时,我就提出了大家要说一说自己在哪里玩,是在家里面,还是在外面。在"娃娃家"游戏中,孩子们忙着串门做"小客人"。

小梦说:"咚咚咚,家里有人在吗?"

小客人来串门

乐乐说:"门外面是谁啊?"

小梦说:"是我,快开门。"

乐乐说:"来啦,来啦,请进。你的包里面是什么东西啊?"

孩子们开始关注自己所处的位置,他们能说出在娃娃家里面还是外面。到了教室外面更大的空间里,孩子们也能分得清吗?在操场上,孩子们在玩搭积木游戏,他们搭了一个方方正正的"家"。希希把头探出来:"妮妮,你看我在里面了。"妮妮说:"你在里面干嘛?"希希答:"这是我的家啊。你要不要到我家来玩?"看来孩子们能熟练地区分里外,还能在游戏中主动使用方位词,开始有意识地辨别方向。

(三)我翻过来了

1. 单人翻

游戏活动前的准备活动,手部运动,我边示范边念口令:"手心、手背、手心,要把手心翻到上面去。"孩子们学着我的样子转动手臂,当由手背向外翻转到手心时,小朋友们显得有些费力。

乐乐说:"这样就像开飞机一样,唔——"他将双手手心朝上放在身后,绕着操场开起了飞机来。

手心手背"开飞机"

其他小朋友轻而易举学开起了"飞机"来。

按照顺时针,手心、手背两个动作是比较简单的。再从手心翻转到手背就比较困难,孩子们不断尝试着,却被"开飞机"这个话题吸引,他们竟然能直接把手臂翻过来手心朝上,开起了飞机来。

2. 两人合作翻转

"火车钻山洞"游戏后,轩轩说:"我好喜欢这个游戏,回家就玩不了了。"其他孩子也都说回到家里,就没有这么多的好朋友搭成长火车了。听到孩子们的讨论后,我问:"两个人能不能玩钻山洞呢?"孩子们使劲摇头。"我这里有两个人一起玩的钻山洞游戏,想玩吗?"孩子们听了我的话后,

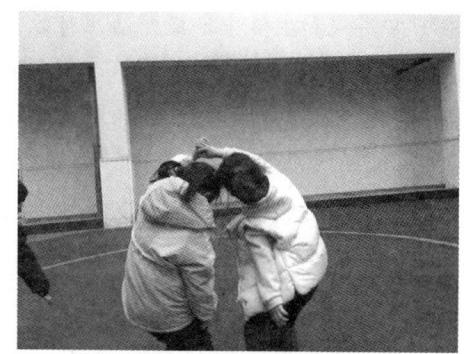

两人"钻山洞"

表示要试一试,乐乐和轩轩两个好朋友在我的儿歌指导下,开始玩起了"钻山洞"。

两只手,好朋友,
高高举起变山洞,
你也钻,我也钻,
大家一起钻山洞。

孩子们两两合作,玩起了两人"钻山洞"的游戏,同时解决了在"炒毛

豆"游戏中手容易掉和不知道怎么翻的问题。

【幼儿的经验与学习】

孩子们能在玩游戏时从单独玩到合作玩，体现了他们合作意识、语言表达能力和交往能力的提升。在玩"迷迷转"时，发展了控制转的速度的能力、腿部的力量和身体平衡感；在玩"钻山洞"时，发展了手臂的翻转、钻的能力和方向感等。孩子们通过生活迁移和游戏情境掌握了"里、外、上、下"等方位的意义，这是孩子主动学习和探索的结果。

【教师的思考与支持】

教师根据孩子的大动作发展水平，选择适宜的游戏帮助他们加强练习，肯定他们在游戏中的表现并给予鼓励和支持。在"迷迷转"的活动引导中，注重幼儿活动的主动性，鼓励他们用自己的方式去开展游戏，于是才有了幼儿多人合作玩的情景，通过念童谣语速的变化来控制转圈的速度，让幼儿在快乐的游戏中提升平衡能力。通过幼儿喜欢的娃娃家游戏将方位的辨识渗透在日常游戏和生活中，提升幼儿对方位认知的兴趣。抓住幼儿的运动兴趣点，在玩过"火车钻山洞"游戏后，把握孩子对钻的游戏的兴趣点，通过儿歌引导的方式指导幼儿突破动作的难点，体验"钻"的过程感受。

三、"毛豆"终于"炒"起来了

（一）我会玩"炒毛豆"游戏啦

小朋友们已经会玩"炒毛豆"游戏了，睿睿找到好朋友乐乐，两人动作标准地玩了一遍"炒毛豆"。小铭说："你们没有念'炒、炒、炒毛豆……'"

于是睿睿和乐乐又玩了一次，这一次，睿睿和乐乐一边响亮地念着童谣，一边规范地做翻转的动作。

孩子们找到自己的小伙伴，玩起了"炒毛豆"的游戏，他们分清了翻转的方位，控

会"炒毛豆"啦

制平衡不摔倒,还掌握了翻转的方法,终于把"毛豆"给"炒"了起来,孩子们一个个兴奋地要玩给我看。

(二)我和朋友比高矮

还没玩一会儿,又遇到问题了。"炒毛豆"游戏是两两合作玩的游戏,今天班级里来的小朋友正好是单数,就剩下乐乐一个人,没有游戏伙伴。我自告奋勇和她搭档玩起来。可是两个人一高一矮,我们尝试了好几次都没有成功。我努力地蹲下来,跟乐乐一起玩"炒毛豆"游戏。

和老师一起"炒毛豆"

乐乐发现跟我一起玩实在是太难了,边上的小梦也在抱怨萱萱的手总是掉,于是乐乐跑去和小梦一起玩了。不只是孩子和老师,孩子和孩子之间一起玩也经常会失败,于是我组织孩子们讨论失败的原因。

乐乐说:"老师太高了,所以我的手拉不住老师的手,一直掉。"小梦说:"我和乐乐一样高,我们不会失败。"

经过讨论后发现:和比自己高或比自己矮的人一起玩"炒毛豆",就可能会失败。

孩子们通过不同的方法比高矮,有的两个人面对面站着,一人用手从对方头顶平移到自己面前;有的背靠背,让别人帮忙看;有的肩并肩看谁的肩膀高谁就高,从而找到和自己差不多高的伙伴一起玩"炒毛豆"游戏。

和朋友比高矮

【幼儿的经验与学习】

会边念童谣边玩"炒毛豆"游戏,是孩子们手眼协调、方言节奏、翻转、身体平衡的体现,是孩子们通过前期经验准备的结果。孩子们能采用各自的方法进行比高矮,并找到与自己一样身高的同伴共同游戏,可见他们正尝试着解决游戏中的问题。

【教师的思考与支持】

当全班剩下一个落单的孩子时,老师主动向她提出合作游戏的建议。这次不成功的合作,引发了孩子们对寻找适合的游戏伙伴的想法,这是老师在组织活动中,创造时机,让幼儿主动发现问题。面对孩子们游戏的共性问题时,教师的一句"和谁一起玩的时候会成功",引导孩子们回忆游戏时失败或成功的瞬间,共同寻找解决问题的方法。

(三)尾巴、呼啦圈来帮忙

孩子们玩"炒毛豆"游戏前会找和自己身高差不多的同伴一起玩,但又出现了手拉不住、翻不过来的情况。于是,孩子们讨论了今天遇到的问题。教师把两张不同季节的游戏照片放给孩子们看,通过游戏照片对比,孩子们发现服装的变化使得游戏时动作被束缚了。冬天衣服厚重,即便和自己身高差不多的同伴玩,也经常会翻不过来,手经常松掉。

教师组织孩子想办法找一找,就算穿上厚厚的冬衣,也能顺利玩好"炒毛豆"游戏的辅助材料。

用呼啦圈"炒毛豆"

在户外材料区,孩子们找来了筒子、飞盘、纸盒、尾巴、呼啦圈等,尝试之后他们选择了呼啦圈和尾巴。

乐乐和安琪拿了一个呼啦圈,两个人分别拿住呼啦圈的两端,安琪一转身钻到了呼啦圈里面。

小梦和鑫鑫拿了一根尾巴,两人分别拿住尾巴两端,很容易翻过去。

小梦说:"我喜欢用尾巴,实在是太好翻了。"

鑫鑫说:"太简单了,你看尾巴是软软的。"

用尾巴"炒毛豆"

孩子们通过尝试发现，比较长的、软的、坚固的材料更有助于动作的完成，而一些比较滑的、易破的材料不适合玩"炒毛豆"。

【幼儿的经验与学习】

当厚重的冬衣让身体变臃肿时，幼儿能够通过比较发现问题所在，并能通过尝试，寻找到适宜的辅助材料继续游戏，说明幼儿的好奇心和求知欲比较强烈。孩子们能通过讨论、前后照片对比发现问题原因，将已有经验进行迁移并做出思考。他们通过在室内和户外寻找辅助材料来不断尝试找到适合游戏的材料，这是孩子们主动探索、学习得来的。孩子们能用完整的语言表达自己的想法，并愿意听取同伴的感受，他们发现问题、解决问题的能力正在向更高水平发展。

【教师的思考与支持】

随着天气变化而出现的必然问题，教师通过引导幼儿回忆游戏、感知天气变化、对比前后照片，帮助孩子们找到问题的原因。教师用"有没有能帮助我们游戏的东西"这个问题，激发孩子们寻找游戏辅助物的想法，通过尝试、对比等方式帮助孩子发现物体的特征，感知软、硬、粗、细、长、短等特性。既给了孩子们探索、解决问题的机会，又有助于同伴间的相互合作。

四、我们要"炒"一颗"大毛豆"

（一）三个人玩"炒毛豆"

涵涵、乐乐和妞妞三个小朋友围成一个圆圈后尝试玩"炒毛豆"游戏。一会儿因为妞妞和乐乐的手松开而失败，一会儿因为妞妞没有钻过去，涵涵和乐乐的两只手交织在了一起而失败……最后，她们按顺序一个一个钻，顺利地翻过来了。

她们在翻回来的过程中，又失败了。

教师说："你们刚才是怎么翻过来的？"

妞妞说："我先钻过来的，然后再

三个人"炒毛豆"

翻的。"

教师说:"那你们就按刚才翻过来的顺序,试试看能不能翻回去。"

孩子们能打破原来的两人游戏的玩法,想出三个人一起玩,在不断尝试中,她们能够将两个人玩的经验迁移到三个人一起玩中,不断调整钻和翻的顺序,最后顺利玩三个人的"炒毛豆"。

(二) 多来几个人"炒大毛豆"

会玩三个人的"炒毛豆"之后,乐乐把她的好朋友都叫到了一起,围成一个大圈,她想要多几个人"炒毛豆"。

1. 要确定"山洞"钻

孩子们围成圈以后,举起了几个"山洞",他们低着头往不同的"山洞"里钻,却以失败告终。教师组织孩子们讨论失败的原因。孩子们找"山洞"来钻,很多小朋友的手都举高做"山洞",乐乐钻了欢欢的"山洞",思思钻了睿睿的"山洞",萱萱不知道往哪钻。

找不到"山洞"

孩子们事先没有商量好由哪两个小朋友的手来当"山洞",是导致游戏失败的主要原因。

2. "毛豆"不能散

多人"炒毛豆"的时候,因为毛毛小朋友的手松掉而失败。

又尝试了一次,刚刚顺利翻过来,游戏还没结束,毛毛却跑掉了,"毛豆"还要翻回去呢。

在"毛豆"翻转过程中,拉好手,才能不让"毛豆"散掉。

3. "毛豆"翻回来

乐乐说:"又成乱抹布了。"

毛毛说:"我没有翻回来,我的手翻不

手拉手"钻山洞"

动了。"

思思和睿睿一起退了出来,边上的萱萱转了一下没有退出来,乐乐翻过来了,毛毛却没有翻过来。

在"毛豆"翻回来的尝试中遇到种种问题,孩子们在互相提醒下,发现按照翻过去的顺序,就能顺利地翻回来。

"毛豆"翻回来啦

【幼儿的经验与学习】

孩子们一次次地尝试从两个人的游戏发展到三个人甚至更多人一起游戏,尝试的过程是他们主动学习、探索的过程。三个人怎么玩?孩子们通过商量、尝试、再商量、再尝试的方法,找到三人玩的秘诀,并大方地分享给同伴。可见孩子们的游戏能力、交往技巧、与朋友共同游戏、分享意识都在提高。多人一起玩游戏中,孩子们调整"山洞"的高低,听同伴的口令,不气馁、勇于尝试的行为是他们合作能力、交往能力、语言表达能力、动作发展能力、创新能力的提升。

【教师的思考与支持】

小班的幼儿自我中心意识强,在游戏中,他们会主动找同伴一起游戏甚至会邀请老师共同游戏,可见他们的合作意识正在萌芽,而三人以上的合作游戏,更有助于孩子们交往能力、合作能力、语言表达能力的提高。当孩子的大动作发展水平超越孩子们实际水平时,教师鼓励孩子在原游戏基础上创新游戏玩法,从两人游戏到三人游戏,再到更多人的合作,从钻出"山洞"到还原"山洞"。这对小班幼儿来说是困难的,但教师基于幼儿前期经验的积累,鼓励、支持幼儿的创新,让幼儿主动发现问题、解决问题。

故事解读

《炒炒毛豆翻跟头》这个课程故事中,孩子们通过自身的努力尝试和老师的支持,体验到了成功的快乐。这个故事很好地体现了儿童的游戏运动具有特别重要的价值意义。对于刚进入幼儿园的儿童来说，运动，恰恰能够成为提高自我价值感的适合的手段，其表现在下面几个特点上。

在游戏和运动中儿童能直接地表达感觉。小班年龄段的幼儿在正式的问答中往往不能很好地表达自己的感受，只有在游戏和运动中，他们的情绪状态才更为积极放松，能够直接地表达感觉。如在"炒毛豆"游戏没有玩起来时，他们能表达出玩不起来的原因。在娃娃家的情景游戏中，他们能准确地表达出方位。通过游戏以及运动相关的活动，成人易与儿童相处。

在游戏和运动中儿童能体验到自我归因，即成功与否都是儿童自身直接的体验，成功与否都是由自己造成的，自己是结果的制造者。在玩"炒毛豆"游戏中，幼儿能从自身找原因，再从自身出发，进行平衡、方位等方面的练习，这对他们今后遇到生活中、学习中的问题进行正确的归因是至关重要的。

在游戏和运动中儿童能够自己解决问题。一个针对儿童的能力、兴趣和学习前提条件而制订的运动项目使儿童能够自己解决以前出现的问题。在"炒毛豆"游戏之前，幼儿的方位问题、平衡问题等都已经出现，只是在特定的"炒毛豆"游戏情境中，幼儿才能发现这些问题，并能积极地去解决这些问题。教师给幼儿提供的支持也同样是在运动和游戏情境中循序渐进地解决，这对幼儿自我认同也有很大的帮助。

儿童形成稳定的自我概念和自我价值感，第一步同时也是最重要的一步乃是获得教育者的认可和重视。成年人正确客观地接受儿童的优点和缺点，有利于儿童形成积极的自尊。故事中教师始终认可儿童的行为，重视他们的活动意愿，支持他们的探索。教育者通过自身的行为也能对儿童产生促进推动的作用，儿童会观察并模仿教师的行为。因此，在课程故事中，如果班级里两位老师能够多一些成人之间的合作，会给儿童更多的启发，教师如果能够提议家庭中的成人之间多一些运动的合作，多一些与儿童的互动，有可能这个"炒毛豆"故事里的儿童会获得更多的经验发展。

（故事记录人：陈春红）

小 班

跳 房 子

故事缘起

"跳房子"又称跳方阵、跳方格。"跳房子"游戏只需要一块相对平整的地面,用粉笔头或者其他比较硬的东西在地面上画出房子,就能玩上半天了。游戏开始前,先在地面上画出大小适中的方格状或飞机状构成房子,区分出方格和半圆之间的轮廓。"跳房子"游戏的规则简单易懂、具有可变性,是我们教师小时候喜欢玩的游戏,在幼儿园里我们也带领中、大班的孩子玩"跳房子"游戏。小班的孩子也能玩"跳房子"游戏吗?他们又是怎么玩的呢?

晨间游戏开始了,孩子们发现操场上塑胶地上的小圆点也可以玩游戏。快看,他们正在玩跳圆点的游戏呢!

晨晨和媛媛两人沿着圆点跳这一举动吸引了大宝、欣欣等小朋友来到小圆点边上,几个好朋友一起在小圆点上跳来跳去。玩了一会儿,晨晨想到了一个更好玩的游戏,带领大家都排在她的后面,像开小火车一样,一个接着一个跳。随后大宝还喊来了好多小朋友,他们排好队伍,每人站好一个小圆点,晨晨喊了一句"开始",于是大家就开始往前跳起来。

看到这么多小朋友排成长队玩跳圆点的游戏,更多的孩子加入进来。他们的队伍越来越长,快围成一个半圆形了,每个孩子都开开心心地一个接一个地跳到小圆点上。

小班幼儿乐于模仿同伴的行为,在排成一队向前跳的活动中,大部分幼儿能够让身体保持平稳,双脚连续向前跳。而且向前跳跃有着明确的目

绕圈跳圆点

15

标(下一个圆点),一起向前跳,又让幼儿觉得这是一个很有趣的游戏,大家要保持一个方向,围成圆圈,幼儿根据地上的圆点自然形成队形,对一列纵队向前行进有了一定的体验。蹦蹦跳跳是小班年龄阶段的孩子们比较喜欢的游戏之一,孩子们对于跳仿佛像着了魔一般地喜爱。在集体游戏结束之后,很多孩子还是对跳非常感兴趣,他们相互模仿着进行跳的游戏。看到孩子们比较热衷跳的游戏,教师决定跟孩子们一起开展更多关于跳的游戏,以此丰富小班幼儿对于跳的经验。

一、学不同的动物跳

游戏结束后,孩子们对于刚才玩的跳圆点游戏还是意犹未尽的样子,他们讨论起模仿小动物跳的游戏。晨晨觉得下次玩的时候大家可以学小动物跳,应该会更有趣、更好玩。通过晨晨的启发,大家开始纷纷讨论,如可以学小兔子蹦蹦跳,很可爱;或是袋鼠妈妈跳;或是小青蛙、小蚱蜢等都是会跳的小动物。小朋友们你一句我一句的,讨论得不亦乐乎。在孩子们的要求下,第二天的晨间游戏,我们开展了学动物跳的游戏。

(一)学兔子跳

晨间户外活动时,教师提出问题:"你们喜欢哪些会跳的小动物?它是怎么跳的?"许多小朋友说喜欢小兔子。欣欣马上两只小手举过头顶,模仿小兔子的长耳朵,双脚并拢向前跳,她说她现在变成了小兔子。于是大家都伸出两个手指,两手举在头顶上,开始扮演起小兔子来。小朋友边跳边说着有关小兔子的话题。如小兔子跳起

兔子跳

来轻轻的,小兔子跳起来很快的等等。萱萱和晨晨几个小朋友则开始玩起了游戏,一边跳一边说:"小兔子要跳到萝卜地去拔萝卜。"她跳了几下,假装到了萝卜地里,开始拔萝卜,吃起了萝卜。过会儿她又跳到了另一边说:"小兔子要去跳到青菜地里,去吃青菜。"更多的孩子开始说着小兔子要去的地方,有去草地的,有去花园的……

（二）学袋鼠跳

学了小兔子跳，有孩子就提出来要学其他的动物跳一跳。他们还一起研究了学袋鼠跳的时候脚要并拢，双手要蜷缩在胸前。莫凡还一个一个地去纠正双手放得不对的小朋友。

小袋鼠是怎么跳的呢？小朋友都说，袋鼠跳的本领很大，肯定比小兔子要跳得远，于是每个小朋友都很努力地向前跳。他们还一起研究怎么才能跳得远，双脚要并拢，开始跳的时候要弯下腰来，跳出去要很用力……

他们一起分享跳的经验，一起比比谁跳得更远，谁更像袋鼠。

袋鼠跳

（三）学青蛙跳

孩子们一边跳一边谈论哪个动物跳的本领大，陈然说小青蛙跳的本领很大，于是，小朋友提议大家一起学青蛙跳。

凯凯没有掌握青蛙跳的技巧，遇到了困难，一旁的凡凡看见了，便开始着手教他如何才能跳起来。凡凡一边讲解一边做动作：先蹲下来，然后两只手放在脚前面，碰在地上，先两脚向前跳，手在跳的过程中用力向前。在凡凡的一次次指导下，凯凯终于成功了：双手双脚碰到地面，两脚稍微分开，双手协助两脚向前跳。对于这样一个奇怪的蛙

青蛙跳

跳姿势，很多孩子都没有学会，但也不影响他们模仿青蛙跳的热情，他们一边跳，一边嘴里发出"呱呱"的声音，引得大家都笑起来。

【幼儿的经验与学习】

在模仿动物跳的过程中，孩子们发挥着强烈的模仿意识，他们通过观看、学习，尝试进行模仿动物跳。当凯凯在学青蛙跳遇到了问题时，教师并没有立即介入，而他则在凡凡的指导和自己坚持不懈的尝试中，解决了这个问题。在这一环节中，孩子们从双脚并拢跳到手脚并用一起跳，在跳这个动作上有一个提升，孩子们需要手脚并用，并要保持自己身体的平衡性。孩子们并不只是发展了身体的平衡和协调能力，而且在解决问题这一点上也得到了一定的提升。

【教师的思考与支持】

小班幼儿对于动物充满了好奇，在平时的生活中，孩子们有去动物园的经验；在早操环节，孩子们也有动物模仿操的经验；在游戏中，孩子们也对动物特征有一定的了解。而小兔子、小袋鼠、小青蛙是孩子们非常熟悉的动物，这三种动物与"跳"之间又有着层层递进的联系。教师巧妙地利用了这一特点，将幼儿带入游戏中，让幼儿沉浸在游戏中，同时又让幼儿在对跳这个动作反复练习的过程中，增强平衡、灵敏、协调的能力，以及力量和耐力。当然，也增强幼儿体质，提高幼儿身体素质。

二、在不同的地面上跳

模仿了各种各样的动物跳后，孩子们对于跳的热情还不减，说不能一直在这里（塑胶场地）跳，他们要到幼儿园的其他地方去跳一跳。

（一）草地上试一试

孩子们来到草地上，三三两两在草地上跳来跳去。阿泽发现大树底下的草地，要比边上的草地高出好多，形成了一个个小山丘。这时男孩子之间的胜负欲来了，凯凯和阿泽两人站在小山丘上，开始比试往下跳，比一比谁能跳得更远。他们两个很开心地在这个小山丘上玩起往下跳的游戏。

玩了一会儿，凯凯提出了新的游戏想法："谁能从下往上跳？"阿泽立马接受挑战，可是问题来了，每次都只能跳上一点点。阿泽抓着小脑袋说道："这个好像有点难，我老是跳不远，这是为什么呢？"凯凯立马也试了下，发现也跳不远。他们还不能从低的地方一下子跳到高的地方，但他们还是在努力地尝试，想要找出失败的原因来。后来他们把原因归结为自己还是跳得不够远，还发现了从高的地方往下跳比较简单，不会很累，从低处往上跳的时候很累，感觉自己很重。

草地上跳一跳

（二）石板地上试一试

孩子们玩过了草地上跳的游戏后，又在幼儿园找到了一个有趣的地方。这是一条由长方形石块铺成的小路，每块长方形石块都会间隔一小段距离。这又成了孩子们玩"跳跳跳"游戏的新场所了。跳完长方形石块铺成的小路后，孩子们发现后面还有圆形的石板，一条由一个大圆形，中间还有两个圆形排在一起的小路。孩子们开始在这里玩起了跳房子的游戏。他们排成一长队，从一块石板跳到另一块石

石板地上跳一跳

板。跳到圆石板的地方，他们发现有的小石板是分两块放的，于是就用跳房子的方法，大石板双脚并拢跳，小石板两脚分开跳，一只脚跳进一块小石板。这个发现又让孩子们兴奋了一阵。

（三）鹅卵石上试一试

大家都跳着通过了石板路后，来到了一条鹅卵石小路。他们发现小路上有一朵一朵的小花。带头的媛媛想到了一个新游戏，大家要跳在花纹上才能通过这条小路。鹅卵石的小花朵之间的距离太远了，孩子们都不能跳过去。他们尝试失败后，媛媛很快就调整了游戏的规则：可以跳两次，一次跳到线

中间，再跳一次跳到小花朵里。大家都按照新的游戏规则，平稳地跳过了这条鹅卵石路。跳的时候，孩子们还发现在这条路上跳起来脚有些痛，有孩子还说因为鹅卵石路是一个个石子组成的，所以不平整，还有孩子说，奶奶告诉她可以在鹅卵石上脱了鞋子走走，这样可以让人们更健康。

听了孩子们的议论，老师提议饭后散步的时候大家可以脱了鞋子尝试走走看。

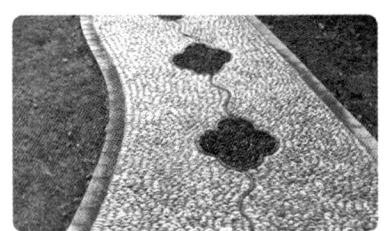

鹅卵石上跳一跳

【幼儿的经验与学习】

自从"跳跳跳"的游戏开展之后，孩子们在幼儿园中，凡是遇到有格子的，有连续图形的，都会玩起"跳跳跳"的游戏。可见，孩子们跳的能力在不断提高，从单纯的模仿跳到幼儿自发地玩跳的游戏，孩子们对于跳的热衷已经非同一般。只有当幼儿有意识主动地进行跳的游戏时，孩子们对于跳的技能才会越来越熟悉、越来越好，幼儿对于跳的学习也将逐渐转化为幼儿自身的经验。

【教师的思考与支持】

对于孩子们的"跳跳跳"游戏，教师一直处于持续关注、积极引导的策略中，这次，他们在自发游戏跳的过程中，增加了一定的距离，不管是小土丘上的跳，还是鹅卵石上的花纹跳，都是在进行一定距离内的跳的游戏。这对于孩子们来说，不仅增强了腿部锻炼，还在跳的基础上有了一次新的提升。可喜的是，这次新的提升，是来自幼儿自发的行为，他们在默默挑战着自己跳的极限。

三、玩不同的跳的游戏

学小动物跳，在不同的地方跳，孩子们跳的游戏都是向前跳，还有没有其他跳的游戏呢？孩子们还想玩什么跳的游戏呢？老师组织幼儿一起来聊一聊，和孩子们一起玩一玩，看看他们对哪些跳的游戏感兴趣。

(一)"超级玛丽"(向上跳)

在老师的引导下,孩子们和老师一起玩起了不一样的跳的游戏。老师和保育员两人拿着一个飞盘放到孩子们头顶上方,让他们猜猜这个跳的游戏要怎么玩?孩子们纷纷开始讨论,有的说这个好像是要跳起来的游戏;有的说跳起来,用头去碰飞盘,碰到了就成功,碰不到就是失败了;有的说这个好像"超级玛丽"的游戏一样,都是跳起来,用头顶一下,不过超级玛丽里还会顶出金币和蘑菇呢。

很多孩子被"超级玛丽"这个游戏名字给吸引了,纷纷要来玩这个游戏。但是也有人提出疑问:为什么这个游戏叫"超级玛丽"?但是这也不妨碍孩子们玩游戏的热情。

陈然在周末的时候报了一个跆拳道的培训班,他自认为是跳得最高的一人,所以第一个为伙伴们示范游戏。孩子们模仿"超级玛丽"一个个排着队,用力跳起来,去顶老师手里的飞盘,几个孩子还很有意思地嘟嘴发出"啵啵"的声音。

向上跳

【幼儿的经验与学习】

游戏的名称来源于我们的孩子,当这个跳的游戏有了这样一个能够吸引幼儿的名字时,游戏已经成功了一大半。孩子们将生活中看到的、玩过的运用到了游戏中,是真正对游戏感兴趣,且在语言表达能力、想象创新能力上有了明显的进步和提升。

【教师的思考与支持】

运用游戏的形式开展"向上跳"活动有着非常积极的效应,而创设游戏情景与规则使幼儿参与到体育教学活动中,寓教于乐,既能锻炼幼儿的身体,又能增加幼儿参与体育活动的兴趣,丰富幼儿的经验,培养幼儿良好的运动品质。"向上跳"不仅增强了幼儿的弹跳能力,而且提高了幼儿的心肺功能。

(二)"一只老虎一只猫"(障碍跳)

飞盘可以帮助我们玩跳的游戏,还有哪些器材可以用来玩跳的游戏呢?老师拿来了许多"跨栏",把它们分开放在场地上,孩子们就开始玩起跳"跨栏"的游戏。

他们一边玩,还一边念起了前段时间学的方言童谣。

一只老虎一只猫,

一只跟着一只跳,

跳过就是大老虎,

摔倒就是煨灶猫。

欣欣说:"我们大家来比赛,跳过就是大老虎,跳不过就是煨灶猫。"大家纷纷表示都要做"大老虎",不要做"煨灶猫"。跳了几次,有的孩子次次都是"大老虎",而有的孩子次次都是"煨灶猫"。看着这些无精打采的"煨灶猫",老师请他们观察那些跳过去的小朋友是怎么跳的,老师还帮助几个能力弱的孩子,牵着他们的小手和他们一起跳过障碍,让他们能体验到做"大老虎"的快乐。

障碍跳

【幼儿的经验与学习】

对于障碍跳，幼儿已经有了先前的学习经验，单纯的障碍跳幼儿会觉得无聊，而将障碍跳巧妙地设计在童谣游戏中，大大提升了幼儿对于障碍跳的兴趣。在游戏过程中，幼儿能在理解的基础上很好地将"煨灶猫"和"大老虎"带入障碍跳中，幼儿不仅能练习障碍跳，而且还能巩固童谣。一定程度上，幼儿的语言表达能力、理解能力、大动作发展都得到了非常有效的提高。

【教师的思考与支持】

在障碍跳中，有的孩子胆小、不爱动，有的孩子能力稍弱，而教师则扮演他们的游戏伙伴，和孩子们一起参与障碍跳，让孩子们有了参与游戏的信心。教师要站在孩子的立场上，透过孩子的行动去把握孩子的内心想法，理解孩子独特的感受方式。因此，在障碍跳的游戏中，将障碍的高度设计成不一样，为的就是让能力不同的幼儿参与不同高度的障碍跳，这样既能培养幼儿的自信心，也能让教师因材施教。

（三）"单脚跳的大公鸡"（单脚跳）

双脚跳的本领练得很强了，孩子们还要练习什么新的跳的本领呢？老师提出了学习单脚跳的建议。

孩子们开始练习起单脚跳的本领，边练习边交流着练习的心得。他们讨论着单脚站的样子像什么。有孩子说像大公鸡，有说像独角兽……我们将这个单脚跳的游戏叫"金鸡独立"，孩子们都想做一只神气的大公鸡，单脚跳的本领也越来越强了。

单脚跳

【幼儿的经验与学习】

在这一系列的跳的渐进过程中，孩子们从一开始的双脚跳逐渐到现在的单脚跳，孩子们的学习和尝试是显而易见的，孩子们的成长和变化也是显而易见的。有的孩子从刚开始的胆怯到愿意尝试单脚跳，有的孩子从刚开始的不愿意参与到慢慢地不断尝试新玩法，在这一段跳的游戏的时间里，孩子们的学习能力在不断提高，积极性不断增强，语言表达能力不断提高，动作发展也在不断提升。

【教师的思考与支持】

《3—6岁儿童学习与发展指南》中健康领域3—4岁的目标是："幼儿能单脚向前跳2米左右。"在层层递进的游戏中，孩子们大多数都能达到这样一个目标，小部分的幼儿还是需要日后进一步的加强。这次民间游戏"跳房子"主题活动的开展，让我认识到小班孩子的发展空间很大，孩子们自发、自愿的"跳跳跳"游戏，俨然成为幼儿生活中最重要、最喜欢的活动，而一系列的情景式游戏也促进幼儿跳的能力得以顺利发展，以此让幼儿获得了有价值的关键经验。游戏也为幼儿主动学习和经验建构提供一种具有"发展适宜性"的生态环境。

（四）"跳房子"

孩子们双脚跳、单脚跳的本领都学会了，他们对于班级外面操场上的彩色格子更感兴趣了。老师肯定了孩子们的想法，引导他们自己玩"跳房子"的游戏。

晨晨是用单脚跳的方法来"跳房子"的，她缩起一只脚，用单脚跳过了八个格子。大家都为她拍起了手。凯凯则是用双脚分开跳的方法来跳，他分开双脚跳了四下就跳过了八个格子。更多的孩子用自己的方法来"跳房子"。他们还找来了呼啦圈、绳子等搭房子，在操场上玩不一样的"跳房子"游戏。

【幼儿的经验与学习】

"跳房子"游戏需要幼儿掌握双脚并拢跳、双脚分开跳、单脚跳等技能。在前期的游戏中，孩子们积累了各种跳的经验，提升了跳的技能，现在将这些本领灵活地运用在喜欢的"跳房子"游戏中，让这些跳的技能得到了进一步的巩固。同时，"跳房子"游戏，让幼儿对于综合运用各种运动技能的能力也有所提升，后期孩子们运用各种材料自己搭建房子的活动，正是这种综合运用能力的体现。

【教师的思考与支持】

对于小班后期的幼儿，教师希望通过语言的提示、材料的提供来支持孩子自主游戏，激发幼儿活动的主动性。因此，在"跳房子"游戏中，老师用语言来引导孩子们用不同的方法来跳，而不是用示范的方式来教授。在幼儿运用材料自我建构房子时，也是放手让幼儿自己尝试，虽然小班幼儿能力还不够拼搭出规整的房子，但是尊重幼儿的活动自主，让幼儿体验自己创造的成果更为重要。

故事解读

《跳房子》课程故事中有一群蹦蹦跳跳，积极探索，好动好奇的宝宝。他们积极参与安排自己的成长发展，充满了创造力，而创造力又推动他们积极发展自我。这个故事的发展可以用"精神运动学"的相关理论进行解读。

精神运动学中把儿童看作是行为活动的主体，他们能承担责任，也能自己做决定。因此，自主及具有责任感的行为不仅仅促进了最后要实现的目标，而且已经成为促进措施的途径之一。故事中，孩子们自己选择模仿一种动物的跳跃动作，他们是行为的主体，也对动物模仿是否相像承担责任，幼儿会纠正同伴的不正确动作。结果不是我们所追求的目的，过程中幼儿活动的主动性，以及自我评价、反思才是我们作为教育者乐于所见的。

在这个故事中，老师帮助幼儿根据自身条件更好地适应及面对存在的问题，通过提示向同伴学习，降低活动难度等来帮助幼儿拓展行为能力，帮助他们正确发挥自己的能力，使幼儿在运动、社会情感和认知层面上尽可能地实现独立行为。幼儿的一个重要特点是他们参与一个故事要比他们单纯地练习得到更大的乐趣。幼儿所做的事情由他自己决定，然后他才愿意做与他相关的事情。这个故事里看似幼儿一直在练习跳的技能，但对于幼儿来说，他们是在表演一个故事，他们在玩一场游戏，如在学小兔子跳时，他们自然地表演着去萝卜地拔萝卜的兔子，在练习往上跳的动作时，他们玩一场"超级玛丽"的游戏。这些都是幼儿自己决定要做的事情，他们不仅收获了动作技能的熟练，更是对自我概念的认同。

精神运动学理论认为运动适应的目标是："通过不断重复运动（学习—练习）逐渐适应环境条件。用这种方式可以培养技能。"在《跳房子》的故事中，跳这个技能的不断重复正是印证了这种理论。游戏既非幼儿偶然也不是随意发生的。孩子们多半会从他们的生活和想象世界中挑选出一些主题来进行运动类的游戏，跳的主题正是来源于孩子的生活以及对动物的想象世界。教师和孩子一起活动，能够给予孩子一个安全和认可的环境，让新的体验被幼儿认为是受欢迎的挑战。当幼儿提出离开塑胶场地去幼儿园的其他地方跳的时候，教师是支持幼儿的，这样在草地、土丘、石板、鹅卵石上的跳的新体验，才能被幼儿当成是受欢迎的挑战，进而幼儿的自我才能够得到进一步的发展。

（故事记录人：朱琴红）

揪尾巴

故事缘起

孩子们天生就喜欢玩追逐、打闹的游戏，你追我跑乐此不疲。在民间游戏中就有这样一个追逐跑的游戏——揪尾巴。玩的时候需要一群幼儿分成两类角色，一类是捉尾巴的人，一类是在裤腰上塞一个尾巴状的物品（如绳子）扮演"小动物"，游戏开始，"小动物"们在规定的范围内躲闪跑，捉尾巴的人追着去拉掉尾巴，也可以是大家都来扮演有尾巴的"小动物"，互相揪尾巴。

孩子们在玩揪尾巴

孩子们喜欢这样的捉与被捉的游戏，小班孩子还没有玩过"揪尾巴"游戏，他们就喜欢这样自由奔跑，享受着户外运动带来的快乐。可问题也来了。

豆豆说："我和涵涵一起玩，他追我，抓我衣服，我就摔跤了。"

乐乐说："晓晓她抓我的新衣服，都要把衣服抓坏了。"

天乐说："我捉住杨杨了，他还往前跑，然后我摔倒了。"

小宝说："昂昂追我，他用力扑过来，我们两个都摔倒了。"

希希说："我和晗晗在玩追跑游戏，她很用力地拉我衣服，拉得我很痛。"

追逐跑的游戏虽然有趣，但存在一定的危险，我们该怎么玩这类游戏呢？孩子们思考起来，开始寻找安全游戏的办法。

一、发现奇妙的尾巴

孩子们展开了更深入的讨论：怎么玩才更安全？通过讨论，他们觉得在跑的时候去抱住别人是危险的。去抓别人的手是危险的，去抓别人衣服也是危险的。怎样玩追逐跑才是安全的呢？孩子们还没有找到好的办法。

（一）我的尾巴在哪里

1．"呀！它的尾巴被踩断了"

早上户外操场上，孩子们围在一起，激动地看着一条不知从哪里跑来的小东西。

小宝说："你们看这是什么？"

燕燕说："这是什么动物，它要跑过来了！"

发现小壁虎

晗晗说："它长得好可怕！"

豪杰说："它好像恐龙啊。"

昂昂突然上前踩住它的尾巴，这时它使劲扭动着身体，挣脱后迅速地往草丛里钻，跑走了。天乐说："呀！它的尾巴被你踩断了。"其他小朋友也都很担心，尾巴断了肯定疼死了，它会不会死掉。也有小朋友疑惑，尾巴断了它怎么还可以跑啊？

2．"咦！原来你是小壁虎"

晨间活动结束，孩子们还站在那里一脸意犹未尽地研究着那段尾巴。它到底是谁的尾巴呢？孩子们很想知道答案，一直问我。我则很认真地问他们，小东西长什么模样？他们说，它黑黑的，有四条腿，扁扁的，有一条稍微长一点的尾巴，眼睛大大的。根据他们的回答，我们一起上网查找了一系列的图片，最后得出了结果，原来这是小壁虎啊！大家还一起欣赏了故事《小壁虎借尾巴》，知道了小壁虎尾巴的神奇之处：遇到危险断掉后还会再生，还了解了其他小动物的尾巴，知道了金鱼的尾巴可以在水里游泳，小牛的尾巴会赶蚊虫，小鸟的尾巴可以控制方向。还有谁的尾巴也很厉害呢？于是我们又上网搜集了更多小动物尾巴的用处。

欣赏故事《小壁虎借尾巴》

3."如果我有条像你一样的尾巴"

了解了小壁虎尾巴的神奇功能,孩子们十分羡慕小壁虎的尾巴,有小朋友就说:"如果我们有条小壁虎的尾巴就好了,这样遇到危险断掉尾巴就可以逃走了,尾巴还能长出来,真神奇。"大家都对自己没有像小壁虎一样的尾巴感到很沮丧,在大家的失望中,力力小朋友突然说:"我们可以假装有条尾巴。"这个提议得到了天天小朋友的回应,他说:"我们可以做一条尾巴装在后面。"琪琪突然兴奋地说:"我想到了,我们装一条尾巴放在后面玩跑来跑去的游戏,你抓我的尾巴,就跟小壁虎一样。这样就不会摔跤了。"

我惊叹了,琪琪想的方法居然就是我们的民间游戏"揪尾巴"的玩法,虽然她说得不够清晰,但我明白了她的想法,我激动地表扬她并补充道:"我们可以做一条尾巴塞在我们的裤子里,变成一个有尾巴的小朋友,玩跑来跑去的游戏时,谁抓到谁的尾巴谁就胜利了,这样只碰尾巴不碰到人,我们的游戏就会变得安全很多。"

【幼儿的经验与思考】

在晨间追逐跑的游戏中,孩子们能适时发现游戏存在的安全隐患,愿意去寻求新的游戏方法来避免游戏时的不安全因素,证明他们已经有了一定的自我保护意识。在一次偶然的事件中,孩子们发现小壁虎尾巴断了,但仍然能跑这一有趣的现象,激发了他们探究动物尾巴的欲望。在探索的过程中,发现孩子们对小壁虎外形特征的描述能力较强,比如能用"黑黑的""扁扁的"等形容词,会运用量词,如"四条腿"。在绘本及网络资源的帮助下,孩子们对于动物尾巴的认识也丰富了起来,并且能把自己的认知经验通过语言大致描述出来。此外,孩子们的想象能力及经验迁移能力相当强,他们从小壁虎断尾的事件迁移到了玩"揪尾巴"游戏,不仅解决了初期追逐跑较危险的问题,还发明创造了新的游戏玩法。

【教师的思考与支持】

面对孩子们提出的问题,教师懂得尊重和支持幼儿,鼓励幼儿积极发言,大胆发表自己的意见,引导他们学会自主解决问题。当晨间偶发事件发生后,教师鼓励孩子用自己的语言去描述小壁虎的外形,再通过他们的描述上网找寻答案,不仅给予孩子说的机会,更是引导他们用自己的已有经验去描述所看到的事物,发展了他们的语言运用能力。在了解尾巴作用的过程中,教师巧妙地运用了绘本《小壁虎借尾巴》,不仅让孩子们了解了小壁虎断尾的秘密,还引发了他们对其他动物尾巴的好奇心,拓宽了孩子们的知识面。

(二)我们自己做尾巴

孩子们听了"揪尾巴"游戏后纷纷表示要玩,可是没有尾巴怎么办?"我们可以自己制作尾巴。"接着他们开始讨论要制作什么样的尾巴,确定尾巴的形状、款式,以及制作的材料。

1. 做什么样的尾巴

"老师,我们现在就做尾巴吧!"急性子的昂昂迫不及待地说。看到孩子们兴趣高涨,我组织全班孩子进行了一次有关尾巴的讨论活动——做什么样的尾巴。有小朋友说:"像小壁虎一样的尾巴。""那小壁虎的尾巴又是长什么样的?"听到这个问题孩子纷纷开始思考起来。有人说是"长长的",有人说"它的一头是粗粗的"。听着孩子们五花八门的说法,我再引导他们思考,观看小壁虎尾巴的照片,通过讨论,最后一致决定做小壁虎一样长长的尾巴。

2. 用什么材料做尾巴

做什么样的尾巴定下来后,孩子们又遇到问题了,用什么材料来做呢?怎么做呢?他们在幼儿园的资源站到处翻找可以做尾巴的材料,还从家里带来了许多材料。这些材料都拿到班级里后,孩子们一起整理,有毛线、布、丝巾、包装袋、废旧衣服等。他们用剪刀将这些材料剪成一段一段的,这就是他们自己的尾巴了。游戏刚刚开始,他们发现自己的尾巴有问题。豆豆指着佳丽的尾巴说:"你的尾巴怎么这么细?"程程说:"我的尾巴吹到天上去啦!"轩轩马上说:"你的尾巴太轻了,所以风就把它们刮走了。"大家都对自己找到的尾巴不满意。

3. 编尾巴

尾巴到底怎么做呢？豆豆看到自己披散的头发，再看看燕燕的麻花辫，说："咦，你的辫子好像小壁虎的尾巴呀！"燕燕："这个是麻花辫，可以把我的头发编在一起变成一个辫子。"小伙伴们惊奇地看着燕燕的辫子，商量着决定做一条麻花辫尾巴。

他们围着燕燕观察她的辫子，发现辫子的末端还有一根绳，一扯，麻花辫散开了，燕燕发现后伤心地哭了起来。毛豆尝试帮燕燕重新扎起来，没有成功，这时轩轩说："我想到了，我们去找老师帮你扎，老师一定会的。"一群小伙伴走到我身边，说："老

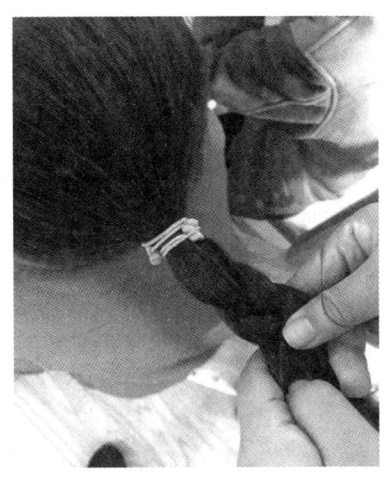

孩子们看老师编辫子

师，你会扎麻花辫吗？"我笑着回应说："会呀！"孩子们把情况告诉我以后，我走到燕燕的身边，将她的头发分成了三股，两两交替编织，重新扎好。其他孩子也激动地拍起手来，说着："老师，我们也想学编辫子做尾巴。"

听着孩子们的要求，我引导他们观察编麻花辫的过程，孩子们在讨论、探究中了解到麻花辫的编织要点：固定，分成三份，两两上下交叠，再固定。

在探究后，孩子们开始尝试学习自己编麻花辫，我在帮他们准备好游戏材料后，孩子们开始自己动手试一试。许多孩子回到家后，请爸爸妈妈帮助自己将布条、毛线等编成一根根的尾巴。

【幼儿的经验与学习】

孩子们提出要自己制作尾巴。做什么样的尾巴？用什么材料做？围绕这两个问题，他们进行了深入的讨论。在这过程中孩子们对小壁虎尾巴的形状进行了再回顾，深化了动物尾巴形状的认知经验。在探索哪种材料适合做尾巴的时候，他们能总结问题所在，并大方地把探索结果分享给同伴，寻求更适宜的材料。决定用编麻花辫的方式来制作尾巴的过程，可以看出他们能迁移生活经验来解决问题，在编的过程中孩子们手指精细动作也得到了进一步的发展。

【教师的思考与支持】

当孩子们提出要做尾巴时,教师没有直接帮助他们选择材料或是教授他们制作的方法,而是给予更多的自由、更多的空间与时间让他们自己去尝试。在尝试中发现问题、解决问题,提高了孩子们人际交往的能力、解决问题的能力,满足了孩子们的探究欲望。在动手制作辫子时,由于小班幼儿的手指精细动作发展没有达到这个水平,教师适时地利用了家长资源,以亲子活动的方式让家长对孩子进行一对一指导,创造条件和机会让孩子在不知不觉中训练了手指协调能力。

二、"揪尾巴"游戏开始啦

尾巴做好了,老师带着孩子们一起玩起了"揪尾巴"的游戏。他们互相帮助把尾巴塞在裤腰里,准备开始游戏。

(一)尾巴多长才合适

游戏开始没多久,场面就出现了混乱,怎么回事?原来昂昂的尾巴太长一直拖在地上,天乐一踩尾巴就被揪出来了。而燕燕的尾巴太短,跑着跑着,尾巴就掉进裤脚管儿里了。

类似的现象还有很多,孩子们通过游戏发现尾巴的长短影响了游戏的进行,太长的、太短的尾巴都不适合玩"揪尾巴"游戏,那么这些尾巴可以玩什么游戏呢?怎样长度的尾巴最适合"揪尾巴"游戏呢?

长尾巴被踩住了

1. 长尾巴的游戏

孩子们拿着长长的尾巴在操场上玩起了"跳房子""踩小蛇"等游戏,他们还把长尾巴给了大班的哥哥姐姐,大班的孩子们也给弟弟妹妹们表演了他们的本领跳大绳,还有他们用长尾巴做成的地垫、帽子等各种装饰品。

长尾巴可以玩的游戏

2. 短尾巴的游戏

短的尾巴可以怎么玩?

"可以放在教室里我们一起学扎辫子。"

"可以比长短。"

"可以跳格子。"

孩子们把短尾巴拿出来,放在班级的区域里,装饰娃娃,表演节目……

(二)找适合自己的尾巴

1. 长短怎么比

希希蹲在尾巴收纳架的边上摆弄着尾巴,她在干什么呢?希希说她正在整理尾巴,但是不知道怎么整理才能更整齐。这时毛豆在旁边听到也一起蹲下来,突然他"啊"的叫了一声说:"我知道了,我们的尾巴长短不一样,可以把尾巴按照从长到短来整理。"

他们把尾巴从架子上都拿了出来,将尾巴的一端紧靠墙边,拉直尾巴,通过两两比较的方法将尾巴进行长短排序。

孩子们比长短

他们的举动引起了其他小朋友的关注,更多的孩子参与到了量尾巴的行列中。轩轩看地上有根线,说:"我还有一个办法,我们把尾巴放在地上量一下。"接着他拿了把笔,在地上的线上添了一条横线,作为起点,将尾巴拉直,一端放在横线位置,沿着直线在另一端末用笔做一个记号。

孩子们用这两种方法将尾巴进行长短排序、比较后,开始思考如何给排好的尾巴制作标记。由于孩子们还不会用符号来标注,于是他们选用了动物标记,他们认为小猴子的尾巴长,就把它贴在了长尾巴的地方,小兔子的尾巴短就贴在了短尾巴的地方。

2. 多长才合适

比较长短后,那么到底多长才适合小朋友玩"揪尾巴"游戏呢?他们开始讨论,尾巴最长到哪里,尾巴最短到哪里。经过讨论,他们决定尾巴最长不能超过自己的脚踝,最短的长度要到屁股下面,膝盖弯的地方。有了这个标准后,孩子们开始选择适合自己长度的尾巴了,小宝拿着尾巴从长到短放在自己的裤子里一根一根地尝试,最终他找出了他喜欢的长度。涵涵看到了,也选择了和小宝长度一样的尾巴并塞在自己的后面,可装上后尾巴居然拖在地上一截。怎么不一样呢?"我知道了,你们俩身高不一样,涵涵你太矮了。"毛豆说。通过观察,孩子们了解到不同的身高需要不同长度的尾巴。于是他们开始比对自己的身高来选择适宜的尾巴。

(三)长尾巴短尾巴变变变

合适的尾巴都被小朋友们选光了,剩下的尾巴不是长就是短,天天和昂昂没有选到,怎么办呢?

1. 长变短

有些小朋友选到了合适的尾巴,也有小朋友还没有选到尾巴。"我没有尾巴怎么办?"昂昂拿着一条长尾巴十分着急。毛豆想了一个办法,他转身拿来剪刀,让昂昂把尾巴塞进裤腰,用力一剪,可是尾巴没有被剪断。他转身拿了一张纸轻轻一剪,剪开了,又拿了其他东西剪,发现东西越粗越厚越难剪。最后毛豆看了看尾巴说:"昂昂的尾巴太粗了,我们去跟老师借一把大剪刀。"

在大剪刀的帮助下,终于剪短了尾巴,可慢慢的尾巴散开了。昂昂表示需要重新编一下。

2. 短变长

在发现长尾巴剪掉一截可以变成短尾巴后,孩子们尝试解决一个新的问题：短尾巴怎么变长？

轩轩拿着刚刚小朋友剪下来的一截尾巴说："把剪下来的尾巴和短尾巴接起来，就变长了。""那用什么把它们接起来？"有说用胶水粘起来，有说用双面胶、胶带、针线、打结……

【幼儿的经验与学习】

比较长短成了孩子们近阶段最喜欢做的事。他们通过整理尾巴架，想到了两种测量的方法，并按照长短进行排序，可以看出他们通过对比的方式比较物体长短的能力很强。当他们想要做标记时，能运用动物尾巴的特征来标记，他们的逻辑思维及经验迁移的能力也是较强的，并且整理能力也从中得到了发展。有了前面比较长短的经验，当他们要找出适合自己尾巴的时候，就更在行了，还能在比较时发现不同的身高尾巴适宜的长度也不同这一现象，使得他们在实际游戏的过程中再次理解了事物"量"的特征。对于尾巴怎样变长，怎样变短的问题上，孩子们也是从容应对，在实际操作中用"加"或"减"的办法来解决问题。连接两个尾巴时，从他们的对话中可以看出，他们的生活经验相当丰富。

【教师的思考与支持】

在此次的长短问题中，教师始终站在孩子的后面，支持他们的探索，给予他们充分的空间与时间深入探究尾巴的长短。当他们提出要把尾巴送给大班的哥哥姐姐时，教师及时给予支持，并和大班的老师联系，让大班的孩子把他们会玩的尾巴游戏展示给小班的孩子看，丰富了他们的游戏经验。

三、有趣的长长短短

在探索尾巴长短的过程中，孩子们对生活中的长短现象也产生了浓厚的兴趣，他们开始寻找长和短。他们的寻找往往发生在不经意间，渗透在日常生活、游戏中。

（一）探索生活中的长长短短

一次晨间活动玩跳圈游戏时，孩子们把呼啦圈排成两排，其中一排少了一个圈，就有小朋友指着圈圈说："老师，男孩子那一排比较短，女孩子的比

寻找长短物品

较长。""你们是怎么知道的?"他们很快地回答:"看一看就知道。""还可以数一数,少圈圈的就是短的。"

他们还发现了教室里的长长短短:建构区里搭建用的木板有长有短;娃娃家里爸爸妈妈打扮用的蕾丝带有长有短;益智区里用于拼搭的镶嵌木板有长有短……

有时孩子们发现长长短短可能是在一次谈话活动中,如:我认识的"长长的""短短的"动物。在了解长尾巴、短尾巴的动物以后,他们开始寻找动物身上长长短短的特征,如熊的尾巴、小羊的尾巴是短短的,乌龟的腿是短的,又如兔子的耳朵是长长的,大象的鼻子是长长的,鳄鱼的身体是长长的,长颈鹿的脖子是长长的等。还一起阅读了绘本,接着帮绘本中的小动物们制作标记:先用笔圈出小动物长长的、短短的特征,然后把它们分开放好,但是怎么样才能

孩子们一起制作标记

知道是这一本是长长的,另一本是短短的呢?他们在书上分别画了长长的和短短的线。

(二)会变长变短的皮筋

一次户外活动,大班的小朋友正在跳皮筋,杰杰看到后,好奇地问:"你们看,哥哥姐姐在玩什么?"晗晗有点不以为然地说:"我知道,这个是牛皮

筋。"杰杰说："这个皮筋好好玩，你们看，这个哥哥把它拉得好长。"

他看到的是大班的哥哥姐姐在玩"跳皮筋"游戏，两个大班男孩子把一根本来不长的皮筋拉得很长，绷在脚踝处，几个女孩子一蹦一跳地边念童谣边跳花样。这个场景吸引了班级里所有孩子的注意力，他们边看边议论。文文说："你看我辫子的皮筋也可以变短变长。"晗晗说："我们也可以玩玩皮筋。"于是他们探索弹力的旅程开启了。

【幼儿的经验与学习】

由于对尾巴长短的兴趣，孩子们开始了对生活中长短的关注。他们发现了很多有意思的事，如教室里各种东西的长短，他们能够通过目测、数数、对比的方式一下子发现了长短，他们对于事物"量"的特征开始敏感起来，并且能使用相应的词汇来描述这些特征。不仅如此，他们还运用事物长短的特征为其分类，在分类后，他们不再如上次那样用动物图片直接进行标记，而是会运用"长线""短线"的符号进行标记。在这一过程中，他们对"量"的特征的认知，创新并运用符号的能力，观察与分类的能力都有了大幅度的提高。

【教师的思考与支持】

生活是孩子们最好的学习场，教师要引导幼儿把已有的知识经验运用到生活中，鼓励幼儿关注周围与自己生活密切相关的数的信息，体会数学的有用和有趣。正是有了教师这样的支持，孩子们用自己的双手、自己的眼睛，去观察、去探索、去操作、去实践、去寻找生活中的长和短。而教师则捕捉那些瞬间，给予孩子前进的动力，为他们新一轮的探索创设条件。

故事解读

《揪尾巴》故事的开始就是为了解决儿童在"你跑我抓"游戏中的安全问题。随着故事的发展，儿童不单要满足安全的需要，还发展出更多的需求。本故事非常符合亚伯拉罕·马斯洛的需要层次理论。需要层次理论主要论述的是社会性情感的需要，尤其是在安全、爱和归属、自尊和自我实现需要上表现得尤为明显。当食物、水和住所等基本生理需要得到满足后，儿童就会寻求更高一层的需要。安全需要是人身和心理安全上的情感需要，包括能信任环境、成人和同伴，同时，有对受保护、稳定性和秩序的需要。《揪尾巴》故事中的教师能充分理解马斯洛所提出的安全需要层次，建立班级活动秩序，在发展中给予儿童更多的信任和保护。

儿童感受环境、成人和同伴的信任。在追逐跑游戏中，儿童对于自己所处的环境是信任的，对于成人是信任的，对于同伴之间的"抓"有些安全方面的担忧。他们能找到问题的中心，在小动物借尾巴的故事中受到启发，想到解决问题的方法。在教师的引导下，在同伴帮助下，自己制作尾巴，解决了问题，进而感受到对同伴的信任。

儿童感受到自己是受保护的。在活动中，有了"尾巴"的加入，有了师幼共同提出的安全提示，儿童可以放心大胆地开展追逐跑游戏。为了让游戏更顺利，他们还提出了更好的保护措施，找到长度适合自己的尾巴，在这样的活动中，儿童能感受到自己是受到成人、同伴的保护，感受到自己受到游戏空间、游戏材料的保护。

儿童感受到环境的稳定性与秩序感。一个活动能持续深入地开展，这本身对于儿童来说就是一种稳定。在活动中，教师引导儿童感受"尾巴"的长短，进而关注生活中长长短短的物品，通过排序、整理等让幼儿身边的环境更具秩序感。这也是幼儿安全感需要的一个重要方面，对于第一年进入幼儿园的儿童来说尤其重要。

"揪尾巴"本身是一个简单的民间游戏，教师能顺着儿童活动的需求，将游戏自然地引入到儿童的生活之中，让儿童感受民间游戏的无限魅力。在活动的后续生发中，教师需要更加关注幼儿的其他需求，提供更多的活动机会和材料支持，例如在幼儿关注动物尾巴时，引导幼儿对自己身体和动物的区别以及自身的特点深入探究，让幼儿获得更多关键经验。

（故事记录人：朱芳英）

炒蚬子

故事缘起

"炒蚬子"游戏所用到的材料是蚬子壳和蚌壳,可以独自玩,也可以多人玩。多人游戏时,一名幼儿手拿一把蚬子壳轻轻地将它撒在桌上,其他幼儿拿一个大小适中的蚌壳将蚬子壳盛起来,且不能碰到其他蚬子壳。

孩子们对此游戏非常感兴趣。一次区域游戏时,安安独自在玩"炒蚬子"游戏。只见她把蚬子壳撒在桌上,并使用蚌壳炒起桌上的蚬子壳,第一次,她成功地单手炒起蚬子壳。第二次,由于蚬子壳数量减少,并且分散在桌子的一侧,在使用蚌壳炒的同时将蚬子壳推到了地上,显然她没有成功地炒到蚬子壳。安安嘟着小嘴说:"为什么蚬子壳总是要跑啊?我都炒不到了。"

用大蚌壳炒蚬子

针对安安提出的问题,其他幼儿提出了自己的看法。汤包认为蚬子壳会掉下来是被安安推下来的。乐乐认为因为桌子边上没有拦的东西,所以蚬子壳才会掉下来。

老师追问:"那有什么办法可以让蚬子不掉下来呢?"

孩子们想出了很多办法,有的说把蚬子壳放在桌子的中间炒;有的说用手挡住;有的说要给桌子做一个围栏。老师又问:"用什么可以做围栏呢?"安安环顾了教室后说:"可以用建构区的积木围起来。"一一想了想说:"用砖头围起来。"

孩子都认为在玩蚬子壳游戏时应该把桌子围起来,这样就能防止蚬子壳掉下去了。

一、用什么办法能防止蚬子壳掉下桌

经过上次讨论后，孩子们再次游戏时，尝试使用之前他们提出的防止蚬子壳掉下桌的不同方法，还在教室中寻找可以围住桌子的材料，有的提出用石头，有的提出用积木，有的提出用身体挡等等。

（一）把蚬子壳倒在桌子的中间

安安、欣奕、诚诚、妮妮、祎宸每人从壳类区选择了自己喜欢的炒蚬子工具。安安提醒妮妮说："把蚬子壳倒在桌子的中间，不要放在边上，不然会掉下去的。"随后，孩子们便开始了"炒蚬子"游戏。

诚诚激动地说："看，我炒到了。"

欣奕附和道："我也炒到了。"

接着，五个人点数了自己炒到的蚬子壳数量。

倒在桌子的中间不会掉下去

欣奕快速地点数说："1，2，……，5，我炒到了5个。"

诚诚也数了数说："嗯，我也有5个。"

妮妮炒到了3个，祎宸炒到了2个。

安安数完后笑着说："我有8个，我最多呢。"

祎宸看了看安安，歪着头对安安说："咦，你的蚌壳比诚诚和欣奕的小，可是为什么炒的比她们还多呢？"

安安摸了摸头，很是自信地回答："我比较厉害。"

又进行了第二轮游戏，由于第一次游戏后，原本集中的蚬子壳又被分散开来了，妮妮拿着扇贝壳朝着自己身体的方向炒，于是，蚬子壳又从桌子边掉了下去。

妮妮嘀咕着："怎么还是掉下去啊？"

祎宸听后说："我们换个方法，把桌子先围起来。"

（二）用石头围在桌子的边缘

由于第一个办法依然不能防止蚬子壳往桌子下掉，孩子们继而想到换个方法，把桌子围起来。用什么围好呢？孩子们纷纷在教室里找可以把桌子围起来的材料。

祎宸走到美工区的柜子旁，从盒子里拿起一块鹅卵石说："这个能围起来吗？"

老师鼓励道："试试看呐。"

桌边摆放鹅卵石

于是，孩子们一起把石头一颗一颗地运往桌子的边沿进行摆放。

看着孩子们走来走去地摆放，老师出声询问："桌子这么大，石头这么小，你们什么时候才能围好呀？"

安安看了眼桌子，又看了看手里的石头，随后又指了指有蚬子壳的桌子，嘱咐祎宸："我们把石头盒子一起抬过去吧。"

祎宸点点头，两个人抬着放石头的盒子，小心翼翼地走到桌子边，把放石头的盒子往空的桌子上一放，然后快速地在桌子的边沿上摆石头，完成后又继续他们的"炒蚬子"游戏。第二次炒的时候，蚬子壳没有掉下去，却把石头给炒到了地上。安安笑着说："哈哈，石头也跑了。"老师笑着问："哎呀，那怎么办呢？还有其他办法吗？"欣奕接着说："我刚才在建构区找到了积木，积木长长的，大大的，可以围起来吗？"

老师又鼓励道："那再试试看吧。"

（三）用积木围住桌子

孩子们将石头全部都撤走，从建构区中选择了最长的条形积木，并把积木一个接一个地围住桌子。围好后，妮妮突然跑去"小超市"拿了四个空篮子递给他们，提议将炒到的蚬子壳放在篮子里。大家又开始炒蚬子游戏了。眼见桌子上的蚬子壳越来越少，她们争着去炒，于是一侧的积木悄悄

用积木围住

地被挤开了。安安见了就去摆好分开的积木,摆了一次、两次后,安安不耐烦地说:"怎么总是分开来?我不想玩了。"

妮妮看了一眼,告诉大家要小心,不要碰到积木,一碰到积木,积木就会分开。欣奕听了说:"石头不行,积木也不行,那要用什么东西呀?"

祎宸手托着腮帮,老神在在地说:"让我再想想。"

孩子们又尝试了用其他材料来围住桌子,但都一一失败了,看来把桌子围起来的方法显然没有解决阻止蚬子壳从桌上掉下来的问题。因此,孩子们在班级里再一次进行了讨论。安安认为可以放在地上炒,这样就不会掉了。但是遭到了妮妮的反对,妮妮认为放在地上炒会被踩碎。到底怎么办呢?

(四)放在盒子里炒

这时,天天想出来一个主意:"我们放到娃娃家的锅子里炒吧。上次我们炒了一大盆蚬子壳都没有掉出来呢。"

安安不认同,说:"那不是炒菜吗?"

鉴于天天提起的锅子,老师提醒道:"那有什么东西是和锅子一样,可以把蚬子壳放进去的呢?"孩子们环顾了教室一圈后,鑫鑫说:"大碗。"

宸宸激动地指着材料盒说:"看,盒子和锅子也差不多呢。"

"那你们再去试试看。"

放在锅子里炒

这个盒子也能炒

1. 第一次尝试

子安惊喜地说:"哇,盒子里真的可以炒蚬子,而且蚬子也不会掉下来。"

莹莹嘀咕道:"哎呀,我的蚌壳太大了。"

莹莹想了会说:"我们可以找个大盒子呀,这样就能一起炒了。"

在这一次的尝试中,孩子们惊喜地发现了在盒子中炒蚬子的好处,且发现小盒子不适合很多人一起炒蚬子,于是孩子们又开始寻找班级中最大的盒子来满足一起炒蚬子的乐趣。

盒子里面炒蚬子

2. 第二次尝试

孩子们在教室里找到了各种各样的盒子:有白色的塑料盒、有放积木的彩色盒、有镂空篮子、有从"小超市"里找到的纸盒子……哪个最适合用来炒蚬子呢?

心诚想出一个主意:"把它们放在一起比一比,找出最大的。"

安安指着白色的镂空篮子说:"这个最大。"

找到的各种盒子

其他小朋友纷纷表示同意。找到了最大的盒子后,孩子们再一次尝试"炒蚬子"游戏。炒着炒着,又出现了问题。由于篮子的四边有一定的高度,放在桌子上后对于身高较矮小的诺诺来说,她要踮起脚尖才能够得到篮子里的蚬子壳。

3. 第三次尝试

这时,保育员阿姨拿着竹匾走进来问孩子们是否需要这个工具,诺诺看了看后急忙跑过去接手。于是,孩子们把镂空篮子换成了圆的边沿矮的竹匾后再次游戏。

这一次,孩子们欢喜地炒蚬子,既都能够得着蚬子壳,又不会让蚬子壳掉下来。安

在竹匾里炒蚬子

安很是开心地说:"这个真好,阿姨用来晒玩具,我们能用来玩炒蚬子游戏。"

【幼儿的经验与学习】

孩子们为了能够解决防止蚬子壳炒到地上的问题,迁移生活中的经验,想出了很多办法,并且尝试方法的可行性,放在桌子中间、用石头围、用积木围等等。在这个过程中,激发了孩子们的好奇心和探究欲。当尝试过这些办法依然没有解决问题时,孩子们仍然能积极地探索,最后发现了装积木的盒子。由于盒子比较小,用稍大的蚌壳时孩子们发现这两者之间发生了冲突,需要用更大的盒子。于是,他们从教室中找到了各种容器,经过大小比较后,一致认为白色的塑料篮最大。可见,孩子们具有一定的比较事物大小的能力。在再一次的尝试中,孩子们发现塑料篮的边沿较高,个子矮的小朋友需要踮起脚来。而后,在阿姨的帮助下,他们发现了更适合的工具——匾。竹匾不仅能够兜住蚬子壳,还适合个子矮小的孩子。

【教师的思考与支持】

在幼儿提出"将桌子围起来"的想法后,教师抛出问题"用什么来围",在轻松的谈话氛围中,引导幼儿说出自己想法,寻找可能适合的材料,并鼓励幼儿通过亲身体验、实际操作来验证自己的办法是否适宜。当孩子们失败时,老师采取鼓励、提问的方式引导幼儿进一步探究,在一次又一次的支持和鼓励中,孩子们的问题终于得到了解决。可见,成人的支持和鼓励是培养幼儿探究精神的重要因素。

二、哪些工具可以"炒蚬子"

解决了蚬子壳老是掉到地上的问题后,孩子们玩"炒蚬子"游戏更带劲了,还会边玩边比较谁炒到的蚬子壳多。在比较的同时,他们还对工具进行了讨论。

(一)找找可以炒蚬子的工具

康康拿着娃娃家里炒菜的木铲炒到了两个蚬子壳。一一看见了,也去娃娃家找了不锈钢的大勺子:"看,我找到了这个。我要用这个炒蚬子。"

一旁的诚诚看着康康和一一的不同的炒蚬子工具,摸了摸头说:"哇,一一的能炒到好多的蚬子壳呀。"

一一听了，开心地说："这个大勺子可厉害了。"

听了孩子们的谈话，我问道："有没有比大勺子更厉害的炒蚬子工具呢？"

用各种不同的工具炒蚬子

孩子们你看看我，我看看你。诚诚站起来说："我知道，娃娃家里的碗也可以炒蚬子。"说完，诚诚便去娃娃家拿了一个绿色的小碗，也尝试了炒蚬子。"炒到好多呀，让我数一数。1、2、……"诚诚又挠挠头，"我有十一个。"

这时，子安拿着白色的餐盘说："我来试试这个。"白色的餐盘也能炒蚬子，子安得意地说："哇，好多呀。"

老师又继续追问："那还有哪些工具可以炒蚬子呢？"

孩子们纷纷在教室里寻找可以炒蚬子的工具。不一会儿，孩子们找到了很多工具，有铁勺、树枝、杯子、小勺子、饭勺、泥工板、白纸，还有一块手绢。那么到底哪些工具可以炒蚬子呢？孩子们一一进行尝试。

莹莹尝试后说："勺子可以的，可是勺子只能炒到一个蚬子壳。"

慧雅附和道："饭勺也可以。"

天天拿着手绢，摇摇头说："手绢软软的，不能炒。"

一一拿着树枝尝试后说："树枝也不行，因为树枝太细了，蚬子壳不能站在树枝上。"

孩子们经过尝试、体验后得出结论：勺子、杯子、碗、饭勺都可以炒，白纸、泥工板用两只手才能炒，但手绢和树枝不可以。

找到了合适的炒蚬子工具

（二）比一比，哪个工具炒到的蚬子壳最多

看到孩子们尽情地拿着自己找到的工具炒蚬子，我问道："哇，你们真厉害，找到了那么多可以炒蚬子的工具，那你们的工具哪个更厉害呢？炒的蚬子最多呀？"

天天自信地说："是我，我的都数不清了。"

拿着铁勺子的羊羊说："是我，是我，我刚才炒到12个蚬子壳呢。"

"是我，是我。""是我，是我。"……

看到孩子们可爱地争论着谁的工具最厉害。于是，我问："那我们来比一比吧，看谁一下子能炒到最多的蚬子壳，好不好？"孩子们纷纷点头同意。于是，一场热闹的炒蚬子比赛开始了。

1. 数一数，谁最多

拿着小碗的莹莹说："我会数，1、2、3、4、5，我炒到了5个蚬子壳。"

拿着小勺子的慧雅闷闷不乐地说："我只炒到一个。"

羊羊数了数说："看，我炒到了8个。"说完，又一次点数着他炒到的蚬子壳。

这时，子安晃动她手里的杯子说："我有好多，我有好多。数都数不清了。"

天天数了好几次都没有数成功。他闷闷地说："老师，我也有很多，可是数不清楚了。"

大家看看天天炒到的蚬子壳，再看看子安炒到的蚬子壳，表示分不清到底谁多谁少。

2. 排排队，比一比

当数量比较多时，孩子们数不清到底有几个，对于量多的比较，我们之前在比较每组剥蚕豆的数量时，有过一次一一对应比较的经历。老师提问道："现在大家都数不清楚了，有什么办法可以知道谁炒得多呢？"汤包提出了他的看法："我跟妈妈比谁赢的巧克力豆多的时候，是一个一个比的。我拿一个，妈妈拿一个，最后谁没有了谁就少了。"媛媛建议可以像上次比哪一组小朋友剥的豆豆多一样来比一比。汤包和媛媛的建议得到了大家一致的肯定。于是，在老师的

排排队，比比谁多

引导下,天天和子安两人分别将蚬子壳一一排队。

天天打趣道:"我的蚬子壳小火车比子安的还要长呢。"

老师问:"现在知道谁炒到的蚬子壳多吗?"

子安指了指天天说:"是天天。"

3. 五个五个数,看谁的五个比较多

随后,老师又引导孩子们说:"老师也有一个主意,大家都很会数五个蚬子壳,我们可以先把五个蚬子壳数在一起堆成一堆,然后比比谁的一堆一堆的多,这也是一个数数的办法噢。"

五个五个数

听了老师的建议后,安安提出:"我会数十,能不能把十个蚬子壳数出来变成一堆呢?"

老师笑了笑说:"当然可以啊,安安真厉害。可是,十个十个数一堆的话是不能和五个五个数一堆的比较,不然的话是不公平、不准确的噢。"

孩子们使用不同的工具,在比一比谁炒到的蚬子壳数量多的活动中,发现了娃娃家的白色塑料盘是最佳的炒蚬子工具。"那生活中还有哪些工具也能炒蚬子?"孩子们带着话题继续探索着。

【幼儿的经验与学习】

随着游戏的不断变化,孩子们这一次探究哪些工具可以用来炒蚬子,他们在观察和寻找中,找到了很多的炒蚬子工具,并在实际操作中感知到硬质的、有平面的可以用来炒蚬子,软质的、接触面小的工具不能炒。其次,在比一比谁炒得多时,孩子们能手口一致、正确点数5以内的蚬子壳数量,并且说出蚬子壳的总数。当比较较多的数量时,孩子们能迁移生活中和妈妈游戏的经验以及前期剥豆子的游戏活动经验,运用排队的方式来进行一一比较。可见,孩子们对数的意义有一定的理解,且具有简单的数量关系的经验。

【教师的思考与支持】

生活中有很多可以用来炒蚬子的工具,教师通过提问引导幼儿一步一步地观察、发现、探索教室里可以用来炒蚬子的工具,并且在游戏中始终支持孩子们的想法和探究。在玩一玩、试一试的过程中,引导孩子对生活中不同的工具进行了解,始终让幼儿在轻松的氛围中保持着浓厚的探究兴趣。此外,当孩子们在比较较多的数量时,教师能引导幼儿回忆生活中的经验来解决问题。同时,结合幼儿的已有经验,让幼儿"跳一跳",引导幼儿"五个五个数",帮助幼儿获得新的经验。

故事解读

《炒蚬子》课程故事中,小班孩子表现出超出其年龄的发展水平,如对于游戏中遇到问题的自我解决能力,又如在点数中,幼儿对于五个五个,十个十个的数数方法的掌握。这在一定程度上印证了杰罗姆·布鲁纳的相关理论。布鲁纳的认知发展理论揭示了环境、社会、文化因素在儿童学习中的重要性,他把儿童看作积极的问题解决者,在富有激励性和直觉力的教师的帮助下,儿童都渴望并准备探索难题。在布鲁纳看来,人类的学习和发展能力是没有限制的。他认为不仅有必要认识儿童在没有帮助时能完成什么,而且要知道儿童在有帮助的情况下能够完成什么。

儿童是积极的问题解决者。在"炒蚬子"游戏中,幼儿遇到了蚬子壳容易掉到地上去的问题,于是他们积极主动想办法,采用了改变游戏材料放置的方位(放在桌面最中间),进而用物品(石头、积木)围合住游戏桌面,再到寻找相应的游戏台替代物(盒子、塑料篮、竹匾),采用不同的方法有效地解决了游戏中遇到的实际问题。这一过程是儿童在没有帮助时或在成人很少的帮助下完成的发展。

教师是"鹰架"的提供者。"鹰架"是指成人帮助儿童以某种方式发展,如果没有这些帮助,这类发展将无法实现。这就很恰当地使人想到成人在儿童周围搭建"鹰架",帮助儿童学习技能。当儿童进展顺利,成人便逐步拆除"鹰架",指导儿童能够更独立地完成事情。在探索不同的工具来炒蚬子的活动中,教师用语言来引导幼儿"还有哪些工具可以炒蚬子",帮助幼儿拓展思路。在点数、比较各人所炒到的蚬子数量时,教师通过组织幼儿进行一一对应的比对方法的学习,引导幼儿用相同的方法来进行比较。在老师和同伴的帮助下,幼儿能够完成超越年龄层次发展的目标,当老师发现部分幼儿会用对应的方法时，就拆除"鹰架"，不再指点和协助幼儿的点数和比较，最后大多数幼儿能够独立完成比较数量多少的任务。

"炒蚬子"游戏中，幼儿和教师能开拓性地进行问题解决的探索，在探索中对于游戏本身所蕴含的价值还不够重视，如炒蚬子中"炒"（手眼协调及精细动作）的技能的获得。建议在开展"炒蚬子"主题活动中可以引导幼儿探究更多有关于"炒蚬子"的问题，扩展和加深幼儿相关经验。

（故事记录人：孙伟青）

摇 小 船

故事缘起

吃完中饭,小朋友们一起去散步来到了大操场,爬上了小山坡。"老师,那边是有一艘小船吗?"瑶瑶问道。瞬间,好多小朋友的目光都被吸引了过来:"那里有一艘小船哦。""这个小船怎么会在这里的呢?""我们能去坐小船吗?"越来越多的小朋友对小船产生了兴趣。"那我们走过去看一看吧。"来到了小船边上,大家都想要去坐一坐小船,于是就轮流坐。

发现小船

小朋友爬到船里面,有的坐着,有的站着晃动船身,轮到瑶瑶和宸宸上船,他们在里面手拉手摇啊摇。瑶瑶用横扇方言念起童谣:

摇啊摇,

摇到外婆桥,

外婆不在噢,

娘舅买条鱼来烧,

头不熟,尾巴焦,

盛在碗里蹦蹦跳,

一跳跳到城隍庙。

安安听不懂瑶瑶念的是什么，跑来询问我。

于是，我拉着瑶瑶的手，一边念一边做动作，其他的孩子都兴奋地乱成一团，自己找了个伙伴，模仿着玩了起来。孩子们发现的小船，吸引了全班孩子的注意力。瑶瑶念的童谣，让部分幼儿产生了兴趣，你一言我一语，讨论着童谣的话题，而我继续观察孩子们的变化。

一、《摇啊摇》童谣怎么念？

（一）向小朋友学习

下午吃完小点心，心怡和小博坐在小凳子上玩游戏。两个人手拉着手，开心地摇啊摇。但是他们不知道童谣怎么念，决定去请教瑶瑶，瑶瑶很乐意把童谣教给小朋友，有模有样地当起了"小老师"。瑶瑶告诉他们要手拉着手，然后一边摇，一边跟着她念童谣。小博和心怡对童谣里面很多词都不理解。他们不知道"押普角"是什

瑶瑶当"小老师"

么，"弗乐劳"又是什么意思。瑶瑶耐心地告诉他们，"押普角"就是"外婆桥"的意思，用横扇话要念"阿噗瞧"。"弗乐劳"是"外婆不在家"。"娘舅麻掉嗯来烧"是"娘舅买了条鱼来烧"。瑶瑶还纠正了小博的读音，尾巴焦要念"米播ziao"。

看到他们认真的模样，我把制作好的童谣图片拿出来，让孩子们直观地感受童谣中的内容，没想到，却引发了大家对童谣内容的探讨。在小朋友的讨论中，发现他们对"城隍庙""娘舅"没有什么概念，于是，我从电脑上找了些庙的照片，很多小朋友就明白了。

（二）向奶奶学习

孩子们通过学习进一步了解了童谣《摇啊摇》的内容，几位小朋友决定回家念给爸爸妈妈听。傍晚的时候，微信群里面就发来了小朋友、家长念的方言童谣《摇啊摇》，还有好多家长和小朋友一起玩摇啊摇的照片，家长们都说自己的孩子很喜欢这个游戏。

1. 为什么学来的童谣不一样？

早上来园，几个小朋友不同往常，没有拿出积木玩，讨论起昨天念童谣的事。欣怡用大家都听不懂的话念了一遍《摇啊摇》，并得意地跟我们说是昨天向奶奶学的。玥玥问欣怡念的是《摇啊摇》吗，怎么跟她念的不一样呢。欣怡告诉大家，她的老家是浙江温州，她奶奶说的话自然和横扇话不一样。玥玥恍然大悟，怪不得妈妈教的和老师教的不一样。玥玥的妈妈是黎里人，妈妈教玥玥念童谣的最后一句是"香炉、蜡烛全拐倒"，而老师教的是"全打翻"。"拐倒"和"打翻"都是香炉、蜡烛倒了的意思，只是每个地方的方言不一样，念起来也就不一样了。

2. 童谣内容不一样？

芊艺奶奶教的《摇啊摇》童谣是这样的：

摇啊摇，

摇到外婆桥，

外婆叫我好宝宝。

糖一包，果一包，

外婆买条鱼来烧。

头勿熟，尾巴焦，

盛在碗里吱吱叫，

吃拉肚里呼呼跳。

跳啊跳，跳啊跳，

一跳跳到卖鱼桥，

宝宝乐得哈哈笑。

邱逸发现芊艺念的《摇啊摇》和瑶瑶念的内容不一样。天天也告诉大家，他奶奶都是陪他睡觉时，唱着童谣给他听的，听着听着，就睡着了。为什么学来的童谣都不一样呢？孩子们带着问题来问我。我告诉他们：童谣是很久以前从很远的地方流传过来的，流传过来的时候就出现了很多不同版本，瑶瑶奶奶和芊艺奶奶念的就是不同的版本，《摇啊摇》也可以是一首摇篮曲，像天天奶奶唱着唱着天天就睡着了。

【幼儿的经验与学习】

孩子们对童谣产生了兴趣，在向同伴学习、向奶奶学习的过程中，不断地产生新的疑问。孩子们通过讨论与观察，再结合自己的已有经验，帮助理解童谣中的内容。在理解童谣内容时，孩子们没有"庙"的概念，通过图片的认识及过往回忆，认识了一些有中国特色的建筑物及当地民风民俗。在向家长学习童谣后，孩子们通过对比，发现了童谣是有很多版本的，孩子们也能迁移生活中的经验，发现各地方言存在差异。这一系列的经验增长，是幼儿主动探究得来的，大大满足了孩子的兴趣和探究欲望。

【教师的思考与支持】

面对幼儿感兴趣的话题，教师懂得尊重和支持幼儿，为幼儿营造一个想说、敢说、会说，乐于表达的语言氛围。鼓励幼儿自由寻找游戏伙伴，充分相信孩子的交往能力及解决问题的能力。当幼儿不知道什么是"城隍庙"时，教师通过图片，让幼儿认识"庙"，引导幼儿迁移生活中的经验，从而帮助幼儿更进一步认识关于"庙"的概念。在向妈妈、奶奶学习童谣后，幼儿发现了童谣本身有许多版本和各地方言存在着差异，教师鼓励幼儿结合生活经验去发现差异，体验方言的趣味。

二、小船怎么摇？

孩子们学会了念童谣《摇啊摇》，我将继续观察他们是如何玩游戏的。

（一）尝试摇小船

在教室里面我们观看了小朋友和爸爸妈妈一起"摇小船"的照片，孩子发现"摇小船"的时候，需要一边念童谣一边做摇小船的动作，并且他们都是坐在对面爸爸妈妈的双脚上。当然，小朋友也要找到自己的小伙伴一起尝试玩"摇小船"游戏。

"我坐不上去。""老师，我拉不到瑶瑶的手了。"不断有问题传了过来。

我和妈妈"摇小船"

这时，欢欢、乐乐已经能摇起来了。孩子们都过来围观，宸宸发现欢欢、乐乐都是坐在对方两个脚背上，小船就能摇起来了。慧雅和杨杨把脚都坐在身后面也能摇小船。——将小脚盘坐在里面,锦祥则把脚放在后面,两个人也摇起来了。孩子们用不同的方式"摇小船",那我们看看"摇小船"还能怎么玩呢?

尝试"摇小船"

(二)小船在哪里摇?

1. 坐在椅子上摇

欣奕邀请妮妮玩"摇小船"的游戏,妮妮转过身拉住欣奕的手,一前一后,口中念着童谣,欣奕建议把小椅子也转个方向,两个人就能面对面坐着"摇小船"了。诚诚看到她们"摇小船",觉得很好玩,也转过身体,跨坐在小椅子上,拉着天天的手,一前一后地摇起来。

坐在椅子上"摇小船"

2. 站起来一前一后摇

坐在旁边的潘邱逸邀请芊艺站起来手拉着手,边念童谣边"摇小船"。

邱逸说:"我们站起来摇吧,这样小船就能动起来了。"

她们一前一后地摇,商量着谁先往前,谁先往后,尝试了几次后,他们开始慢慢地向前走动。

3. 坐在轮胎里一起摇

户外活动,天天一个人坐在了轮

站着"摇小船"

胎里面，他邀请了祎宸一起坐在轮胎里面，脚是搁在轮胎上面的，他们手拉手，摇啊摇把轮胎当成了小船。过了一会儿，他又邀请另外三位小朋友一起坐在轮胎边上，脚都放在了轮胎里面，相互手拉手"摇小船"。

轮胎里"摇小船"

4. 还能在哪里"摇小船"？

看到男孩子在轮胎里玩"摇小船"，几个女孩子也想玩这个游戏，她们说要找一个和天天他们不一样的地方。几个孩子就在幼儿园里到处找，找到他们认为可以玩"摇小船"游戏的地方，就停下来，边念童谣边拉手游戏。

很多地方都可以玩"摇小船"

户外活动结束后,孩子们讨论起来,他们在幼儿园的哪些地方玩了"摇小船"游戏。我让孩子们再想一想、说一说,觉得哪个地方最适宜玩"摇小船",为什么?在问题引导下,孩子们七嘴八舌地说起来。天天认为轮胎里玩最好玩了。祎宸觉得攀爬架边上的大轮胎最好玩,可以四个人一起玩。妮妮喜欢在草地上玩"摇小船",百草园的小草会把屁股都弄得痒痒的。佳莹觉得塑胶地上好,摔一跤都不疼。每个孩子都有自己的想法,老师建议大家可以到每个地方去尝试玩一玩,比较一下哪个地方最适合玩"摇小船"。

【幼儿的经验与学习】

孩子们在不同的地方玩"摇小船",他们通过游戏、讨论、分享,对幼儿园各空间有了更深的了解。在寻找"最适合玩游戏的地方"的实践活动和语言表达中,他们能感知上下、前后、里外等方位词。在两人合作"摇小船"游戏中,他们对谁往前、谁往后的运动方向也有了初步的感受。孩子们获得了有关空间方位的关键经验,包括感知、判断方位,物体基本的空间位置等,能按语言指令做出相应动作。

【教师的思考与支持】

教师能够抓住幼儿感兴趣的游戏,激发幼儿游戏的兴趣,用提问的方式引导幼儿发挥想象,运用开放的思维去展开游戏。幼儿尝试在不同的地方玩"摇小船"游戏,老师没有阻止他们,即使看到他们在一些不大适合的地方玩,也要支持幼儿的探索活动,引导幼儿通过对比去发现问题,尝试让幼儿自己发现问题,进而解决问题。

三、摇大船

孩子们希望小船能跑起来。通过游戏后的讨论,孩子们认为,小船太小了,如果很多人一起,船就能跑起来了,所以孩子们决定做一艘大船。

(一)做大船,坐大船

既然决定要做一艘大船,当然材料是必不可少的。孩子们首先想到了幼儿园的资源室,于是我带领孩子一同去资源室,找到了许多袋子,诚诚知道这个是蛇皮袋,他家里都是用这种袋子来装羊毛衫的。经过挑选,孩子们认为蛇皮袋很牢固,适合用来做"摇小船"游戏的小船。可是,问题来了,蛇皮袋要怎样变成大船呢?

孩子们各抒己见。"可以把蛇皮袋连起来,围成一个圈,就能变成一艘大船了。"孩子一致同意这个方法,于是寻找阿姨帮助把蛇皮袋缝成了船的形状,孩子们看了很是兴奋。考虑到人数问题,做了两艘大船。

嘉宸说:"我们给大船做个标记吧。"

天天说:"我要把我的标记贴上去。"

瑶瑶说:"你看,标记贴上去会掉啊。"

天天说:"那我按个手印,像盖章一样。"

瑶瑶说:"老师,可以给我们的船盖个手印吗?"

装饰大船

当然可以。说干就干,调好颜料,让小朋友轮流给自己组的船按上手印。我们的大船需要晾干后,才能比赛。

中午,小朋友们在树底下散步,突然被飘落下的树叶吸引住了,都蹲下来玩树叶,有的喊:"好多树叶啊。""树叶都落下来了。"突然,一个孩子摇了摇树干,更多的树叶飘落了下来,小朋友越玩越开心。

慧雅说:"树叶好可怜啊,都掉下来了,我能把它送回家吗?"

瑶瑶说:"这么高怎么送上去呢?"

芊艺说:"我们可以把它带回教室。"

慧雅说:"我要把它贴在我们的小船上。"

这是一个不错的主意,孩子们都动起手来,挑选了好多树叶,然后把树叶装饰在了大船上。

捡树叶

（二）大船跑起来了

都准备好了，大船准备出发了。

孩子们分成了两组，分别是"草莓队"和"菠萝队"。游戏开始：每一组的小朋友都需要在船里面，用双手共同抬着船，一起前进，看哪一艘船先到达石榴树下。进行了5轮游戏，草莓队以4:1的领先优势获得了胜利。游戏结束以后，小朋友观看了游戏的视频与照片。

大船跑起来了

瑶瑶发现草莓队的小朋友手都抬得很高。祎宸发现姗姗在前进的时候，把前面蛇皮袋翻下来，就不会遮挡眼睛了。安安发现草莓队的小朋友都是向前看，一起走，所以才会走得快。

【幼儿的经验与学习】

在"摇大船"的游戏活动中，幼儿尝试了做大船，给船印上属于自己的标记，他们通过捡树叶、贴树叶的活动，亲近大自然。在印染手印的活动中，体验了印染的乐趣。在让大船跑起来的游戏活动中，幼儿们了解到与同伴相互合作的重要性，孩子们感受到了游戏的乐趣。

【教师的思考与支持】

教师把幼儿当作课程的主体，遵循幼儿的认识发展规律。在活动中，教师鼓励幼儿用自己的方式表达，并通过观察幼儿的活动兴趣、活动水平、发展需要等正确地给予回应，不断为幼儿提供更适合他们年龄特点或是不同发展水平的区域材料，促进幼儿持续发展。教师应在教育实践中不断摸索，不断完善，为幼儿创设更好的、自主的、宽松的活动区域，充分调动幼儿的积极性、主动性，让幼儿在轻松、愉快的游戏环境中增长知识。

四、为什么我们自己的小船摇不远

在一次晨间活动中,孩子们看到了大班的哥哥姐姐也在"摇小船",便围了过去。妮妮说:"哇,他们的小船可以向前开。"安安说:"他们的小船摇得好远啊,我们也来试试看。"孩子们看见了哥哥姐姐们不仅仅是坐在原地"摇小船",还能向前移动,充满了兴趣,提议也要试试把小船摇起来。

试试把小船摇起来

(一)学哥哥姐姐"摇小船"

靓靓坐在塑胶地面上,媛媛让靓靓的腿分开,自己则坐在靓靓两腿之间的地面上,并把两腿压在靓靓的腿上,两个人手拉手,两腿弯曲,想要摇起来。可是两人都向中间用力,小船不仅没有向前开动,媛媛还翻倒了。

媛媛说:"怎么小船翻了呀?我们再来一次。"

两个人重新坐好,拉起手,再次尝试,小船依旧没有向前或向后移动。

草地太粗糙了

靓靓站起来说:"这个地面太粗糙了,所以小船动不了,我们换个地方试试。"瑶瑶说:"我们去草地上试试吧。"

媛媛说:"草地上也很粗糙,肯定也不行。"

靓靓拉着媛媛还是试了一下。她们还是按照原来的姿势,一前一后地摇小船,船依旧没有动起来。她们得出的结论是,草地上也不行,需要找一个不粗糙的地方"摇小船"。

(二)两人"摇小船"

孩子们有了之前的经验,来到多功能厅再次尝试两人"摇小船"。孩子们各自找到了同伴"摇小船"。"老师,我们摇起来了。"安安和鑫鑫的小船向前摇得很快。"我们也摇起来了!"妮妮和欣奕喊道。还有部分的小船还是在原地,无法向前。我问道:"请大家一起观察一下安安和鑫鑫的小船是怎么摇起来的呢?"

尧尧说:"她们两个人摇的时候是一前一后的。"

鑫鑫说:"我们摇的时候,我的脚是向前划的,安安是向后倒退的。"

安安和鑫鑫向前摇得很快

乐乐说:"我是坐在姐姐脚上的,姐姐向前移动,我就跟着姐姐一起动,姐姐是小船,我负责坐船。"

在这次的尝试中,孩子们发现了两人"摇小船",一个人可以当小船,另一个人是坐船人,开船人向前,双脚就要向前划动,而对面的坐船人就要双脚向后退,这样小船才能动起来。通过孩子们观察及经验的分享,他们发现原来两人"摇小船"是需要两个人相互合作,共同掌握技巧,才能把小船开起来的。

(三)你开船,我坐船

孩子们不断尝试,越来越多的小船都开了起来。欢欢说:"妹妹,我来开船,你来坐船吧。"一下子就把小船摇了起来。现在孩子们不仅仅只满足于此,他们想出了各种不同的新摇法。沈正在后面拉着康康衣服,两人朝一个方向前进;个子小小的羊羊把两只脚都搁在天天的腿上,两个人一左一右,由天天掌控方向,向前或后退。

孩子们在已经会"摇小船"的基础上,又想出了各种新的摇法,教师就应抓住这个契机,提供材料,让幼儿探索更多的玩法。

你开船,我坐船

【幼儿的经验与学习】

孩子们通过学习大班哥哥姐姐的方法来开展游戏,两人合作尝试"摇小船",失败后,他们一起探究两人可以分别扮演坐船人和小船,一人坐在对方的双脚上,通过两人不断向前、向后的同步动作,让他们的小船能够动起来。这一环节的探究,孩子们在不断改进自己的游戏方法。幼儿的动作得到发展,培养了一定的力量和耐力,能与同伴合作,学会与同伴协商,接纳同伴的想法,获得动作技能的发展和合作能力的提升。他们能迁移生活中的经验,寻找解决问题的办法,还具有不怕困难、勇于尝试和探究的良好学习品质。

【教师的思考与支持】

面对幼儿提出的向大班哥哥姐姐学习的挑战,教师鼓励幼儿积极尝试;在面对幼儿失败时,教师引导幼儿通过观察来发现同伴之间的配合问题。在尝试再次失败时,鼓励幼儿尝试不同的方法让自己的"小船"动起来。教师不断肯定幼儿的尝试,鼓励幼儿自己去解决问题,也通过其他的活动给予幼儿一些经验的准备,如两两合作拍手、踢脚等,提升幼儿两两合作的默契;通过在体育运动中引导幼儿锻炼脚部和手臂力量,提升身体素质,进而为完成"摇小船"游戏做好动作和合作的准备。

五、"摇小船"的新玩法

(一)衣服是我的小船

几个孩子在操场上找了找,媛媛说:"操场的地上都是很粗糙的,我们要怎么摇小船呢?"这时,瑶瑶把自己身上的背心脱了下来,坐在了自己的衣服上,并两手各抓住衣服的一角说:"你们看我坐在衣服上就能摇起来了。"瑶瑶开心地抓着衣服,双脚一蹬就向前了。回到教室,我把拍下的照片分享给小朋友们看,并请靓靓和媛媛再

衣服小船

摇一次给大家看，小船没有向前。我请幼儿观察为什么一个人的小船能开动，两个人的小船却动不了呢？有什么办法吗？

瑶瑶说："操场的地上太粗糙了，要在光滑的地上才能动起来。"

我说："嗯嗯。所以你坐在衣服上摇，小船就向前了。教室里的地板也很光滑，为什么靓靓和媛媛两个人还是没有向前呢？"

天天说："靓靓和媛媛两个人只有身体在动，脚没有动。"

心成说："她们两个人的脚要像瑶瑶一样向前划，屁股要跟着向前。"

孩子们在观察中发现了划不动的原因，于是他们改进动作，不断练习，最终把自己的小船摇动起来。

（二）购物袋小船

孩子们通过讨论发现，摇小船需要在一个空旷光滑的空地上，双脚要向前划动，屁股也要跟着向前，小船才能向前开。

在游戏时，有几个爱干净的女孩子提出，把衣服放在地上会把衣服弄脏的。大家一起讨论，用什么材料来替代衣服。看到班级里有几个无纺布的购物袋，大家觉得可以用袋子来试

购物袋小船

一试，他们发现购物袋的拎手正好可以拿在手里。哪里有更多的购物袋呢？孩子们想到幼儿园的资源库说不定会有。于是老师带领孩子一同去资源室，找到了许多购物袋，经过挑选，孩子们选择认为牢固的袋子来做"摇小船"游戏的小船。

有了这些发现，每个孩子都跃跃欲试，都想去验证自己的想法。于是，我带大家一起来到了多功能厅。孩子们坐在购物袋上，两手拉着拎手，双脚向前划动，一个比一个划得快。在孩子们的提议下，男孩和女孩分组进行了接力赛。在接力赛中，每一个孩子都能做到双脚向前划动，屁股跟着向前挪动起来，他们的小船终于能向前移动了。

(三) 两个人的丝巾小船

教室的"理发店"里有各种的丝巾，我挑选了几条有长有短的丝巾，让幼儿可以结合"摇小船"一起玩。刚开始，孩子们拿丝巾跟拿购物袋一样，单人"摇小船"，慢慢地他们发现丝巾很长。于是乐乐就邀请了她的朋友芊艺一起坐在丝巾上"摇小船"。

丝巾太长，还能坐下一位小朋友。于是，欣奕也加入到了这条小船上。

丝巾小船

乐乐说："我来开船，你们坐好了。"乐乐使出浑身的劲也拉不动丝巾。乐乐着急地说："你们坐着的也要跟着我一起动，不然小船又要开不动了。"这时，鑫鑫的小船上坐着玥玥，鑫鑫的手拉紧丝巾，玥玥的手搭在了鑫鑫的肩膀上，两人同时向前，慢慢地就超过了乐乐的小船。乐乐赶紧说："她们要超过我们了，我们三个人要一起向前用力才行。"

(四) 挑战多人大船

这时，阿姨整理出上学期用过的长长的布条，孩子们更兴奋了："老师，这条小船可以坐很多人。"子安率先当上了"船长"，坐在了第一个，陆续有孩子坐到了小船上，数了数"1、2、3……"一共坐了八个小朋友。这时的小船，还能开起来吗？只见子安两手紧紧拉着布，后面的小朋友都向前靠近，越来越挤。小船没有动，子

多人大船

安拉着的布条越来越短了，他急着喊道："这个布条跑掉了，我都抓不到了。"后面小朋友的小手该放哪里呢？围观者喊到："大家都拿着布条吧，这样布条就不会跑掉了。"重新再来，在大家的加油声中，八个人的大船慢慢地向前移动了。孩子们都很激动，纷纷要去尝试摇大船的游戏。

【幼儿的经验与学习】

在创造性地玩"摇小船"的游戏中，幼儿更加喜欢和同伴一起玩，对大家喜欢的丝巾、长布条能够轮流玩、分享着玩。在活动中，幼儿愿意接受同伴和老师的意见，调整游戏情节，乐于尝试有一定难度的活动和任务，同时感受到通过自己的努力完成挑战任务的快乐。

【教师的思考与支持】

教师尊重幼儿自发的表现和创造，并给予适当的指导，提供相应的课程资源的支持。在幼儿用自己的衣服来当小船的时候，教师能敏锐地抓到这一个契机，及时和班级里所有的幼儿一起来分享这一发现。在分享活动中，教师鼓励幼儿想出不同的方法，和幼儿一起去资源库，寻找适宜的材料。由于教师对幼儿创新活动的支持，让后面的"摇小船"游戏越来越有趣，幼儿在游戏中收获的经验也就越来越丰富。

故事解读

《摇小船》课程故事，围绕"学习—游戏—创新"这条线索来展开。"摇小船"游戏配合《摇啊摇》童谣，是一个肢体类的民间游戏，在健康领域动作发展方面属于促进身体平衡性技能。

在美国高宽课程理论中，对于身体运动方面有这样的论述："培养和锻炼基本的身体运动能力本身极其重要。大肌肉动作技能和精细动作技能具有多重功能。身体协调能力是完成绝大部分日常工作必备的最基本的能力。另外，从本质上来说，运动也是令人愉快的，无论是自由活动身体，还是通过音乐和舞蹈表达创造性，身体的运动都充满乐趣。""运动提供了许多发展的机会和表现创造性的机会。"《摇小船》课程故事正是给了幼儿许多发展和表现创造的机会。

高宽课程理论提到："教学策略的运用有赖于教师对儿童身体发展状况的了解。学习新的技能需要有一个过程，它包括四种水平。"在这个课程故事中，教师教学策略的运用正是出于对本班幼儿身体发展状况的了解。在幼儿提出玩"摇小船"游戏时，教师引导的是"降级版摇小船"（幼儿相对站立，边念童谣边向同一个方向移动）游戏，在幼儿自己提出学习"正常版摇小船"

(幼儿两两合作相对坐在对方的脚上，边念童谣边摇小船，用腿部力量将对方的臀部翘起，向同一个方向移动）游戏时，教师给予更多的过程铺垫，如借助物品当小船。这个故事中幼儿动作的偶然性减少，身体开始受意识控制，他们能够合作玩游戏，但探索和练习仍然需要，因此教师鼓励幼儿创新地玩，让幼儿有更多探索和练习的机会。

建议在开展类似的活动时，教师能够给予幼儿机会多了解此游戏产生的背景，可结合本地地域文化，提供相关的图片、视频、图画书等，丰富和扩展幼儿的经验，也可以和幼儿一起展开参观、访问等活动，去了解更多的相关"船"的经验，如运用于交通、运输的船，和多样化运用（旅游、娱乐、运动……）的船，让民间游戏丰富的内涵得到更好的传承。

（故事记录人：杨晓华）

❀ 斑

龙头龙尾

故事缘起

"龙头龙尾"是孩子在草地上最喜欢玩的游戏。游戏的玩法类似于"老鹰抓小鸡",只不过扮演的角色不一样,由一人扮演大刀,其余的人排成一队组成一条长龙,最前面者为龙头,最后面为龙尾。游戏开始时,大刀和龙对话,对话结束,大刀(捉龙尾者)便可两边移动跑,寻找机会"砍"龙

"龙头龙尾"游戏

尾。龙头千方百计阻挡大刀,龙身、龙尾一串人快速跟着龙头移动跑,以防被大刀"砍"到。在移动过程中,龙头、龙身、龙尾不能脱节。如果龙尾被"砍"中,要自动退至一边,原本的倒数第二人成为新的龙尾,游戏继续进行。在"龙头龙尾"游戏中还有一个有趣的童谣。

刀:龙头龙头几只角?(手臂举起做大刀状)

龙:三十二只角。(双手放在头顶扮龙角)

刀:天上掉下把大刀啊怕?(手臂从上往下摆做"砍"的动作)

龙:不怕、不怕!(双手从头顶放下,后面的人拉住前面人的衣服,龙头张开双臂保护龙身和龙尾)

户外活动时间,几个小朋友在草地上玩"龙头龙尾"游戏,玩累了,他们围坐在草地上聊起了天。

轩轩问大家是否看过真龙,孩子们七嘴八舌地议论了起来。童童和果果说:"这个世界上是没有龙的,电视里看到的都是假的,是人们做出来的。"

童童和果果的回答引发了孩子们对于制作龙的讨论:李毅说他会用橡皮

泥捏龙;果果说看到姐姐用牙膏盒制作龙……关于龙的讨论越来越深入,他们从关于龙的神话故事讨论到制作龙的材料和方法。最后轩轩提议要做一条很长的龙,他的提议获得了其他小朋友的支持。童童提出问题:用什么材料来制作龙?这个问题似乎难住了他们,轩轩提议征求老师的意见。

开展"龙头龙尾"主题活动已有两周了,孩子们的兴趣从"龙头龙尾"游戏转移到了"龙"和"恐龙"的话题上。在区域活动中,已经有幼儿制作龙或者恐龙的经验,教师也根据孩子的兴趣在美工区投放纸箱等制作材料,几个孩子一起合作制作了恐龙,现在他们又有了新的创想——制作一条长长的中国龙。

幼儿讨论制作龙

美工区制作恐龙

一、第一次制作龙

在得知孩子们的困难后,教师参与了他们的讨论,有人提出纸箱可以做恐龙,应该也可以制作西游记里东海龙王那样的龙。这个想法获得大家的支持,但是他们在查看了班级收集站后发现,纸箱不够。于是教师在班级里组织了一次全员参与的大讨论。

1. 用什么材料来制作龙呢?

轩轩说:"老师,我们想做一条长长的龙,可是没有很多纸箱子,我们还能用什么材料来做呢?"

小朋友展开了热烈的讨论。他们根据自己的经验讨论出龙的外形特征:

资源室中寻找制作龙的材料

龙有龙头、龙尾，长长的身体，身上有鳞片，有尖尖的牙齿……由于孩子们都没有制作龙的经验，最终也没有商量出用什么材料来制作龙。老师提议他们去幼儿园的资源室寻找适合的制作材料。

于是，孩子们一起去幼儿园的毛衫资源收集站里寻找合适的材料，童童看到收集站里一大袋一大袋的毛衫筒子就喊起来："这里有好多毛纱筒子，我们可以拿筒子来做一条长长的龙！"小伙伴们都同意她的意见。老师提醒他们还可以看看其他的材料，想想刚才讨论中说到的龙鳞可以用什么材料来做。孩子们在收集站翻找起来，他们一起把毛纱筒子、毛纱片、旧衣服等都拿到了班级。

【幼儿的经验与学习】

幼儿有强烈的表现与创造的愿望，在交流活动中能围绕一个话题展开讨论，能迁移电视、书本上习得的经验运用到活动中。他们根据龙的外形特征寻找与之匹配的材料，看到筒子圆柱形的形状能联想到龙的身体。在寻找制作材料时首先想到的是从班级收集站中寻找材料，当班级收集站中的材料不符合他们的需要时，他们又马上想到去毛衫资源收集站去寻找材料，幼儿能将收集来的材料灵活地运用到活动中。

【教师的思考与支持】

"龙头龙尾"主题开展后，孩子们不仅喜欢"龙头龙尾"这个游戏，随着主题的深入，他们对"龙"和"恐龙"这两个话题尤其感兴趣。教师在各个区域中投放跟主题相关的材料，激发幼儿进行深入活动的兴趣。纸箱恐龙的投放使幼儿产生了制作一条龙的想法。但幼儿的想法往往只是一时的兴趣，没有具体的计划，因此在游戏分享活动时老师邀请他们分享自己的想法，让其他幼儿一起参与讨论，提供自己的意见，碰撞出思维的火花。教师抓住这种偶发事件中的教育契机，给幼儿以支持、引导和实现想法的条件。幼儿园的课程资源也为幼儿的创想提供了物质基础，将想法变成现实。

2. 筒子大小不一样

材料都拿到班级后，几个孩子开始整理起来。童童发现这些筒子的粗细、高矮不同，于是说道："这些筒子的大小不一样，有的大、有的小、有的短、有的长。"其他孩子也意识到了问题。

孩子们七嘴八舌地讨论大小不同的筒子能否连接成龙的身体。诺诺说："大筒子小筒子都要的，大筒子可以做龙身体大的部分，小筒子可以做龙身体小一点的部分。"童童将一个直径大的筒子和一个直径小的筒子两端相对，说："大的筒子和小的筒子的边对不起来，是粘不起来的。"

孩子们看到两个筒子由于直径不同，边缘无法重合，于是就说："那就选一样大小、高矮的筒子。"诺诺在边上没有说话，而是拿起两个高矮不同的筒子和童童一样将两端相对，说："有的筒子不一样长短，但是大小一样就能连起来的。"童童也试了一下后，说："那我们就选大小一样的筒子，高矮都可以。"

比较筒子的大小

3. 用什么来粘龙身呢？

孩子们从一大堆毛纱筒子中挑出直径一样的筒子，将筒子首尾相连。在连接龙身时，他们又遇到了困难：用什么把筒子粘起来？孩子们首先想到的是美工区中的固体胶。李毅跑到美工区拿了一支固体胶，尝试粘筒子，可是粘不起来。

童童在思考片刻后说："胶棒不够黏，只能粘纸，筒子太重了粘不上的，要用双面胶粘。"他们又尝试用双面胶来粘，这次能够粘住，但是不牢固，筒子稍微动一下就会掉落。童童看着断开的筒子说："双面胶也不行，还有什么胶水比双面胶更黏呢？"轩轩突然兴奋地说："老师你上次粘小黄人的那个胶

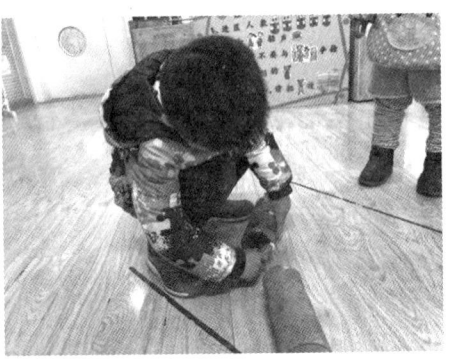

用固体胶连接筒子

水还有吗？那个胶水很黏的，小黄人粘上后掰都掰不下来。"原来他想到了老师布置环境时使用到的热熔胶，他们向老师提出要借热熔胶枪来粘合。老师找来热熔胶，但是热熔胶枪要插电使用，而且胶枪通电后会发烫，存在一定的危险性，于是老师请保育员阿姨帮助孩子们操作热熔胶枪。孩子们将粘上胶的筒子连接在一起。有了热熔胶，接下来的制作非常的顺利，很快龙的身体连接好了。

用双面胶连接筒子

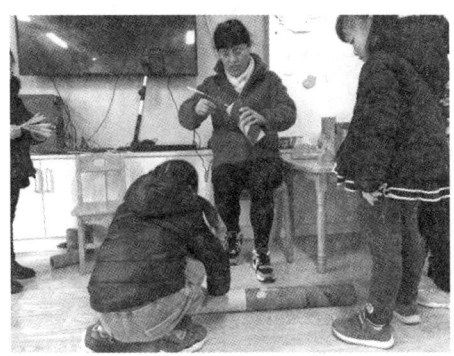

用热熔胶连接筒子

4. 龙头、龙尾怎么做？

长长的龙身体连起来了，孩子们开始讨论龙头、龙尾的制作。他们决定画出龙头、龙尾。在老师的帮助下，他们找来了各种龙的图片，几个小朋友合作开始画起来。画着画着他们觉得太难了，自己画的都不像，提出来要老师帮忙画。诺诺说："老师你会不会画？你帮我们画吧。"老师答应帮助他们画好轮廓，上色和装饰都让孩子们自己做。龙头、龙尾装饰完成后，他们将龙头粘在第一个筒子上，龙尾粘到最后一个筒子上，龙做好了。

5. 意外发生了

一条筒子长龙大致完成了，就剩最后的龙鳞没有画上去了。孩子们拿着马克笔趴着画龙鳞，没一会儿，就有小朋友说趴着画太累了，于是施诗提议把龙放到桌子上再画。

轩轩、李毅等几个自告奋勇去抬龙，有的抬龙头，有的抬龙尾，有的托着龙身，齐心协力将龙抬了起来。但是刚抬起来意外就发生了，童童惊慌地说："啊呀，龙断掉了。"只见龙头往后数的第六个筒子和第七个筒子断开了，众人忙要放下龙，但是童童和梓嫣握着的部分也断开了。李毅惋惜地说："我们的龙坏掉了。"轩轩查看了断点后说："这个胶水还是不够黏，没有粘牢。"

诺诺说:"我觉得是这个筒子太重了,又太硬,胶水粘不上。"孩子们都陷入了沉默,不知接下来要怎么办。这时施诗说:"筒子不行,那我们换个东西来做吧。"童童也说道:"我们换个轻点的东西,毛衫资源收集站里有好多毛纱片子,可以用毛纱片子来做。"孩子们的斗志再次被燃起,一行人又跑去资源室寻找毛纱片子。

龙的身体(连接好的筒子)断开了

【幼儿的经验与学习】

在挑选筒子的过程中,幼儿通过观察、对比发现了筒子粗细、长短的不同。他们通过两两重叠比对的方式发现粗细不同的筒子是无法粘连起来的,但是长短不同粗细相同的筒子能粘连起来,幼儿能根据比对结果挑选粗细相同的筒子。在粘连筒子时他们迁移美工活动的经验,用固体胶、双面胶等材料尝试粘连,在操作中感受到不同黏合剂的黏度。在一次次的粘连失败中不轻言放弃,有初步的责任感。热熔胶的使用,说明孩子在日常生活中注意观察身边的事物,能将学习的经验运用到新的活动中。在制作过程中幼儿分工合作,他们预估任务的难易度,并能根据自己的能力判断是否能胜任这项任务,还能想出合理的解决方案:绘画能力比较好的负责龙头龙尾的装饰工作,其余的孩子负责制作龙的身体。制作好的龙身断裂了,孩子们没有气馁,而是积极寻找断裂的原因和解决的方法。

【教师的思考与支持】

教师是幼儿活动的支持者。在活动中教师尊重幼儿的想法,在幼儿需要帮助的时候提供适当的帮助,提供制作活动所需的材料,在操作上给予一定的指导。教师也是幼儿活动的合作者，在幼儿不会绘制龙头、龙尾时，教师成为他们中的一份子，完成画好轮廓的任务；幼儿在粘连筒子遇到问题时，保育员老师也是活动的参与者，承担操作热熔胶枪的工作。

二、第二次制作龙

1. 怎么制作龙身？

孩子们从毛衫资源收集站拿来了许多毛纱片子，大家又聚在一起商量怎么用这些毛纱片子制作龙。由于每一片毛纱片子的长短就一件衣服的长度，于是童童提出将这些毛纱片子用胶水首尾相连，做龙的身体。提议得到赞同后，他们一起将毛纱片子铺在地上首尾相连，莎莎请阿姨拿来热熔胶准备粘起来，但是诺诺这时却说："太丑了，这个毛纱片子有的地方大、有的地方小，歪歪扭扭的。"由于毛纱片子在生产时预留出了袖子和领口的形状，所以每一块都是不规则的，拼接起来后整个龙身就是扭曲的。

诺诺的问题把大家都难住了，一时之间大家都想不出好办法来。

寻找第二次制作龙的材料

连接毛纱片子

2. 舞龙的启发

看到孩子们愁眉不展，老师播放了舞龙的视频，孩子们一边看一边讨论开了。诺诺指着电视里的舞龙说："这个龙的身体是用一块很长的布做成的，然后贴上亮闪闪的鳞片，我们的龙也可以找一块长的布来做呀。"轩轩非常赞同诺诺的提议，并增加了新的设想：用毛纱片子剪成龙鳞粘在龙身上。

想法有了，可是没有材料——长的布。童童叫上施诗、诺诺等几个小伙伴直奔资源收集站，过了一会儿垂头丧气地回来了，说："收集站里没有那么长的布,都是小块的。"李毅听后说道:"我知道哪里有布,有一次我散步的时候看到小八班的弟弟妹妹在长长的布上印画,我们可以去跟他们要一点。"于是几个胆大的幼儿主动请缨去向小八班的老师要布,在小班老师的帮助下,幼儿拿到了长布回到教室。

小班老师给的布太长了,孩子们觉得剪短一点更合适,他们讨论着剪掉多少合适。轩轩在教室里转了一圈后,说道:"就第四、第五组那两张桌子这么长吧。我们把布放到桌子上去比一比。"李毅和童童拉着布放到了第四、第五组的桌子上,李毅将他这一端的布对齐桌子的边缘,童童将布铺平后走到美工区拿来一支马克笔,沿着桌子的边缘在布上画了一条线做标记,又拿来剪刀沿着做好的标记剪下多余的布。

测量长度

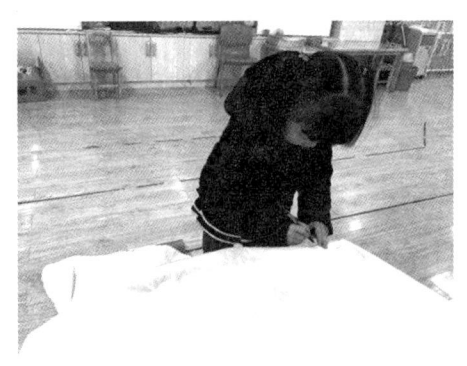

用笔在布上做标记

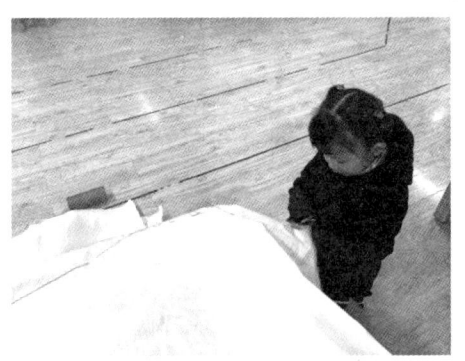

根据做好的标记进行裁剪

3. 怎样画出一样大小的龙鳞?

龙身完成了,开始制作龙鳞了。孩子们按照之前的设想,各自拿着笔在毛纱片子上画半圆形,然后剪下来。轩轩将剪好的龙鳞一片一片地叠好,他叠得很细致,每一片的边都对得很整齐。

叠着叠着,轩轩拿起两片龙鳞放在梓嫣面前,说:"你们剪的龙鳞都不一样的,有的大有的小,李毅画的一点都不像半圆形。"大家看着轩轩手里的两片龙鳞不知如何是好。大家想了许久,有的说大小不一样没有关系,但是马上遭到其他小伙伴的反对;有的说统一让一个小朋友画,一个人画出来应该会是一样大小的……

这时施诗想到了一个好方法:用硬纸板做一个半圆形,大家都照着这个半圆形画,就一样大了。

施诗来到收集站找到一个纸盒,开始在上面画半圆,画了几次都画不好。

诺诺拿来了一个圆形的篮筐倒扣在毛纱片子上说:"直接沿着这个篮筐画就行啦,剪下来后一折二就是个半圆形啦。"在施诗和诺诺的合作下,画出一样大小龙鳞的问题一下子就解决了。

 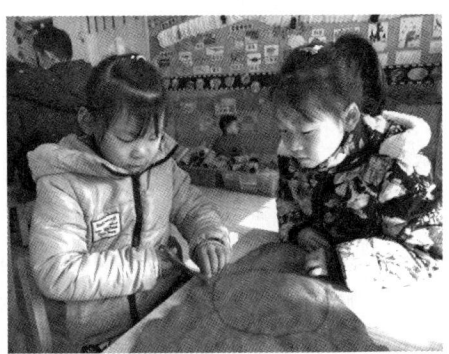

用篮筐做模板画圆　　　　　　　用小剪刀剪圆形

4. 毛纱片子太难剪

由于画龙鳞的方法是诺诺和施诗想出来的,孩子们自然而然地将画龙鳞的任务交给了她们。其余的孩子默契地拿起她们画好的龙鳞剪了起来,但是剪的速度远远跟不上画的速度,李毅抱怨道:"这个毛纱片子太难剪了,剪刀总是卡住。"其余的孩子纷纷附和,老师也拿起剪刀尝试了一下,确实非常难剪。

孩子们用的儿童剪刀小、锋利程度上也相对差一点,而毛纱片子较厚较软又容易卷曲在一起,增加了剪的难度。这时施诗提出了解决办法:"我看我妈妈剪毛纱片子是用很大的剪刀的,我明天把家里的大剪刀带过来,我们用大剪刀剪。"

第二天,施诗从家中带来了大剪刀。但是大剪刀太大了,孩子们的手部力量不够,手指也还不够灵活,使用起来比较困难。最后他们决定让阿姨和老师帮忙剪龙鳞。

换大剪刀剪圆形

圆形对折剪开成半圆

5. 龙鳞怎么贴？

龙鳞剪好了，孩子们开始将龙鳞贴到龙身上，但是由于龙鳞的颜色不同，引发了孩子对贴的方式的讨论。思程说："龙鳞怎么贴呢？是横着贴还是竖着贴呢？"孩子们经过讨论决定竖着贴，他们还提出了一些贴龙鳞的注意事项：

（1）贴时每一排都要对整齐，不可以歪歪扭扭。

按颜色贴龙鳞

（2）要按照龙鳞的颜色贴，将颜色一样的贴在一起。

龙鳞贴好后，要贴龙头、龙尾了，问题又出现了。

6. 需要更大的龙头、龙尾

龙身在孩子们的共同努力下完成了，只要将龙头和龙尾贴上就完整了。童童将第一次制作龙时画好的龙头、龙尾黏上胶水贴在龙身上，大家看着完工的龙，总觉得有些奇怪。

诺诺说："龙身变大了，这个龙头、龙尾有点显小了。"童童提出重新画一个大的龙头、龙尾，旁边的孩子纷纷附和。要做多大的龙头、龙尾呢？轩轩从材料架上找来一张大的铅画纸，将铅画纸铺在地上，随后将龙身放在铅画纸上，用铅笔按龙身的宽度在纸上做好标记。然后他拿着纸来到老师面前说："老师，我们的龙头、龙尾要画大一点，你能帮我们重新画吗？我已经在纸上做好标记了，要标记出来这么大的。"

于是我拿起笔根据他们标出的大小帮他们重新画了龙头、龙尾。在给龙头、龙尾涂色的过程中,孩子们发现用一般的水粉笔画太慢了,因为龙头大而笔太小,最后他们在美工区找来了大的油漆刷,几个孩子齐心合力,很快涂好了颜色。

水粉笔和油漆刷

连接龙头、龙身、龙尾

【幼儿的经验与学习】

幼儿在剪布做龙身时运用到了自然测量的方法,以桌子作为测量工具,测量方法正确,还能运用笔做记号的方式帮助裁剪;在画龙鳞时运用圆形篮筐剪出一样大小的圆片,能有效运用到数学中几何图形的知识将圆形对折剪开变成半圆形;在粘贴龙鳞时运用了按颜色排序的方式,也考虑了上下、左右对齐排列,有了初步的分类、排列的概念。幼儿通过目测、比对发现龙头、龙尾与龙身大小不匹配,在制作更大的龙头、龙尾时幼儿再次运用到自然测量的方法确定龙头、龙尾的大小,使整体和谐更具美感。在实际操作、对比中幼儿发现了涂颜料的刷子大小影响到涂色的速度。他们能根据观察结果提出问题,大胆猜测答案,并能通过实际的行动验证自己的猜测,提升工作的效率。

【教师的思考与支持】

当幼儿不知如何运用毛纱片子制作龙身时,教师以舞龙视频激发幼儿思维,隐性地提供幼儿解决问题的方法。教师不是幼儿活动的主导者而是引导者,只需在幼儿遇到困难时给予幼儿适当的引导,帮助幼儿达成目标,让他们获得良好的活动体验,让幼儿养成乐于参与活动的良好学习品质。在制作龙鳞时，由于各种颜色的龙鳞数量不同，有的颜色较少无法按颜色规律间隔排列，教师显然考虑不周。如果教师在前期就将龙鳞的排列方式让幼儿考虑好，引导幼儿有规律地排列，更可提升幼儿在模式排列方面的能力。

三、我们就叫它"中国龙"吧

龙做好了。孩子们看着自己亲手制作的龙，特别的自豪，轩轩提出要为龙取一个名字。这条龙到底叫什么名字？童童想了一个简单又好记的名字"龙龙"，但是志航觉得他们制作的这条龙是中国神话故事里的龙，只有中国才有，应该叫"中国龙"，两人争论了起来。最后教师提议进行一次投票，哪个名字票数多，就用哪个名字。

制作完成，为龙取个名字

轩轩自发要做票数统计者。"觉得'龙龙'这个名字好的请举手。"他响亮地说道。支持这个名字的孩子纷纷举手，轩轩开始计数了："1、2、3……一共16个举手，我把它记在纸上。"看着轩轩忙碌的样子，思程主动站起来说道："喜欢'中国龙'这个名字的请举手。"18个小朋友举手了，轩轩认真地记录下来。思程看着轩轩的记录纸喃喃地说道："16和18哪个大呀？"轩轩想了想，说："问问老师吧。"我看着被难住的两个人，问道："16和18哪个数字大，其他的小朋友有什么好方法能比较出来吗？想一想我们前几天的游戏中有没有碰到类似的问题，是怎么解决的？"思程想了想回答道："我们可以让喜欢'龙龙'和喜欢'中国龙'的小朋友排成两队，一个一个对齐，哪一排多出来就是哪队多。"一阵忙活之后，他们得出了结论，"中国龙"这个名字获胜了，这条龙的名字也产生了——中国龙。

【幼儿的经验与学习】

在取名环节中幼儿产生了分歧，他们用投票的方式决定龙的名字。幼儿在遇到问题时能听取他人的意见，并通过讨论、协商等方式解决问题。在投票计数时幼儿能手口一致地点数，熟练唱数20以内的数字，还使用了统计的方法，能力强的幼儿还能书写20以内的数字，并能运用一一对应的方式比较出16比18少两个，理解数与数之间的关系，初步尝试用数学解决生活中的实际问题。在制作龙的过程中，幼儿的合作能力得到了很大的发展，他们与人交往的能力得到了提升；学会如何与同伴友好地相处，能接受同伴的意见和建议；敢于尝试有难度的活动，有自信、自主的表现。越来越多的孩子主动参与了进来，在接受任务后他们能努力完成，不怕困难，遭受挫折也不放弃，在成功做出一条龙后他们无比自豪，增强了对班级的向心力，有了初步的归属感。

【教师的思考与支持】

整个制作龙活动能顺利地进行，应归功于我园丰富的课程资源，有赖于平时对资源收集的重视。幼儿通过日常的积累，在活动中很快就能想到从资源库中寻找制作材料，也正是由于资源库中丰富的材料，才能让幼儿实现天马行空的创意。通过这次活动，孩子们再次切身体会到日常收集活动的意义。龙的成功制作不仅有赖于丰富的实物资源，还有赖于幼儿生活经验等无形的资源。画龙鳞，剪龙鳞，剪刀的使用，自然测量方法的使用，这些都是幼儿的前期经验。这些经验有些是在日常生活中通过观察习得的，有些是在之前的活动中获得的，这些经验都有效地帮助幼儿更好地完成此次的制作。这也提醒了我们老师，在发展幼儿的新经验时要注意结合幼儿的前期经验。

故事解读

《龙头龙尾》是孩子们对于"龙头龙尾"游戏的延伸兴趣，也是他们对幼儿园的环境、教师和同伴有一种很强的信任感的表现。他们对环境展现出了很强的信任，班级里各区域材料、工具的摆放位置，幼儿园资源库的方位，资源的类别、数量多少都是熟悉的，在他们需要时都能轻易找到。孩子们的信任表现在他们成功地掌握了埃里克森八阶段理论的初级阶段并正在探索关于其他阶段的想法。随着孩子们继续制作中国龙，在筒子连接成长长的龙身时，在小剪刀剪不动时，教师在孩子的建议下，找来了一些富有挑战性的工具，如热熔胶枪、剪毛纱片子的大剪刀。在提供工具方面，教师遵循认知发展规律，幼儿展现了埃里克森八阶段理论第二阶段，即自主感对害羞和疑虑的关系。教师愿意让孩子们挑战新的工具，因为这样可以让他们计划和实践自己的想法。

在整个制作过程中，孩子们展现出了埃里克森八阶段理论的第三个阶段：主动对内疚。孩子们协商、交换并探讨他们的想法。他们通过帮助彼此准确和安全地运用材料、使用工具来促进大家更深入地思考。随着制作继续进行，孩子们的主动性表现在产生新的想法、解决问题并对他们的想法进行批判性思考上。在他们提出用毛纱片做龙身时，马上就有幼儿提出反对意见，有幼儿提出新的想法——用一块长长的布做龙身。每一次有新的主意出来时，就有幼儿提出不同意见，也会有幼儿提出支持的改进建议，他们的主动性表现得很强，也有幼儿在听到同伴的反对意见后能修正自己的想法。

在制作龙的过程中，几个表现积极的孩子如童童、李毅等，他们的成功不仅仅体现在龙的制作上，更多的是他们对自己的制作能力、创造力和领导能力获得了更深的理解。他们几个已经进入了埃里克森八阶段理论的第四个阶段：勤奋对自卑。

在这个故事中最值得提倡的是，教师通过建立尊重的环境来支持和回应幼儿的想法。因为教师的理解与支持，孩子们把制作龙这样一个目标一次一次地坚持做下去，这是教师与幼儿长期相处中形成的班级心理环境。教师除了通过语言、行动来支持幼儿的活动之外，更是建立了尊重的物理环境。班级里丰富的课程资源、幼儿园资源库的开放运用都能是孩子们坚持活动并获得成功的基础。建议完成制作龙之后，教师继续支持幼儿用自己制作的龙去展开各类活动。

（故事记录人：吕文艳）

木头人

故事缘起

下雨天的早晨,孩子们在走廊活动,沉浸在自己的世界中。看!他们在玩各种各样的民间游戏,有丢手绢,有切西瓜,还有老鼠笼……最后玩累了,大家决定玩一个安静的民间游戏——木头人。孩子们一起念着童谣:

山、山、山,
山上有个木头人,
不许说话,不许动,
还有一个不许笑!

念完童谣后每个小朋友就变成木头人,保持一个动作不准动,也不准笑,谁能坚持到最后谁就赢。

突然雨涵捂着嘴巴笑出了声音,她出局了。这时,一旁的晨艳动了一下,被雨涵发现了:"我看见晨艳动了,她输了!木头人是不能动的!"

孩子们玩"木头人"游戏

晨艳不服气:"为什么木头人不能动?动画片里的木头人可以动的呀?"

木头人到底能不能动?这个问题让孩子们争论不休。有孩子说木头就是把大树砍下来,大树都被砍了,它就死了,所以木头是不能动的。有些孩子不同意这个观点。他们决定去探究这个问题,在老师的提议下,他们开始在幼儿园里到处找木头和木头制品。

一、寻找幼儿园里的木头

（一）教室外的木头

孩子们根据生活经验在室外寻找着木头，思宇发现积木是木头做的，心朗发现百草园的娃娃家是木头做的，小奕说百草园的紫藤架也是木头做的。

老师引导幼儿总结木头制品共同的特征："你们怎么知道它们是木头做的呢？它们有什么一样的地方吗？"小奕发现它们身上都有一些棕色的花纹，还有一些黑黑的圆圈。老师继续引导：

寻找教室外的木头

"这些花纹叫木纹，是属于木头的花纹，你们找到了圆圈形状的木纹，还有别的形状吗？"思宇和心朗也细细地看了看，发现有的木纹是一条一条的。

有木纹是木制品的共同特征，并且木纹具有多样性。孩子们根据这一线索，又找到了垃圾桶、梯子、跷跷板、栏杆等木制品。他们还把找到的各种木纹画在纸上记录下来。

（二）教室内的木头

孩子们对木纹印象深刻，他们又在教室里发现老师的铃鼓、小桌子、小椅子、书架、柜子等等全都是木头做的，因为这些都具备"木纹"的特点。

小颖却发现了一个新问题，教室的门是木门吗？可是木门为什么没有木纹呢？老师没有直接告诉孩子答案，想让他们继续探索："小眼睛解决不了的问题，能不能借助别的小助手解决呢？"孩子们又用鼻子闻了闻，用脸蹭了蹭，发现木门表面有白色的颜料。

摸一摸木门，又敲一敲，"笃笃笃"。

看到玻璃门，敲一敲，"咚咚咚"。

找到了铁门，敲一敲，"叮叮叮"。

寻找教室内的木头

再敲一下木块，"笃笃笃"。

孩子们终于找到了答案："门和木头的声音很像，是木头做的。"各种材质都有不同的声响，原来还可以根据声音特征寻找木头，这次是通过听觉解决了问题。

【幼儿的经验与学习】

因民间游戏"木头人"，幼儿对"木"产生了极大的兴趣，开始寻找幼儿园里的各种"不会动、不会说笑"的木头。在寻找"木"的过程中，幼儿是根据木头上的木纹来判别是否是木头，这是用眼睛去看，在此获得了有益经验：有木纹的是木制品。那所有的木制品都有木纹吗？这就引发幼儿思考。教室的门没有木纹，就不是木头做的吗？并不是的，只是工人加工了木头，表面用了油漆的原因，遮盖住了木头原来的样子。不能用眼睛识别，那只能借助耳朵了。敲一敲，发现木头、玻璃、铁的声音是不同的，通过声音来判别是否是"木"，这也是孩子们一种很好的方法。幼儿能对事物进行观察比较，发现其相同与不同，能根据观察结果提出问题并大胆猜测验证答案，通过视觉、听觉、触觉来探究认识"木"。

【教师的思考与指导】

鼓励幼儿主动探究木头的特点，幼儿发现的过程也是经验积累的过程。鼓励幼儿提出问题，怎么知道没有木纹的门也是木头做的呢？用自己的思维方式对问题进行自主思考，不急于把问题的答案告诉幼儿。教师给予幼儿充分的时间思考，给予幼儿充分的时间讨论，让幼儿相互交流、相互启发。

（三）收集废弃的木头

1. 停车场里的木头

门卫老伯伯砍下了很多枯树枝放在了停车场，孩子们拎着篮筐去收集。

梓诚感觉这么大的树枝篮筐肯定装不了，佳玥便将所有的小枝丫折断后收集起来，可大的树干折不断怎么办呢？这时，一旁的南徽过来帮忙：

停车场里的木头

"我帮你一起抬!"两人合作成功将大树枝抬到了百草园。

2. 百草园里的木头

来到百草园,工匠们正在装修百草园,老师趁此机会让孩子们看看制作木头成品的过程。木匠叔叔在用什么工具锯木头呢?他们要做什么?孩子们充满了好奇。木匠叔叔告诉他们这是锯子,他们要做一张长桌子放在炊事区。

南徽发现了新大陆:"你们看,这些白白的,好像沙子!"昊昊也来摸一摸:"软软的,像肉松吧!"木匠叔叔告诉他们这些是木屑,是在锯木头的过程中产生的。

认识百草园木匠叔叔的木头

锯完桌面和桌腿,木匠叔叔用锤子和钉子将它们固定。南徽说:"这个我认识的,是钉子和锤子。"木匠叔叔提醒道:"小心哦,因为很容易敲到自己的手。"说完给孩子看自己手上的伤疤。后面的过程中孩子们注意力集中,生怕木匠叔叔会敲到自己的手。

看了木匠叔叔后,孩子们对木工产生了极大的兴趣。大家觉得炊事区的灶头边还需要一把板凳,于是决定自己亲自设计制作板凳。晨洋提议去拿一些不用的木头,于是孩子们向木匠叔叔要来了各种形状的废旧木材,长方形、正方形、三角形……

【幼儿的经验与学习】

孩子们去停车场收集废弃的树枝,树立"节约资源"的意识,认识到"木"作为珍贵的资源的价值。事实证明,这样的意识已经慢慢深入孩子的内心。在百草园观看工匠叔叔做工的过程中,孩子们不自觉地捡起那些废弃的边角料,连木屑都不放过,全部收集起来。在观看木匠叔叔制作桌子的过程中,也获得了颇多的有益经验,比如认识了一些基本的木工工具——锯子、锤子、钉子;要将两块木头拼接起来就需要借助钉子钉牢;在使用工具的过程中需小心谨慎,否则会受伤。这些经验为接下来"制作板凳"做铺垫。

【教师的思考与支持】

教师为幼儿提供材料与场所，直接指导与间接指导相结合，通过观察调动幼儿学习的主动性和积极性，培养幼儿操作和探索的兴趣。

二、木头可以做什么？

（一）做板凳

1. 怎样锯准木头？

孩子们将各种废旧的木材投放在了百草园木工区，分类摆放，整洁有序。

心朗选择了一块长条的木板做凳面，美美觉得太长了，于是他们戴上手套，拿起锯子，准备锯掉一截。锯木头可不是轻而易举之事，孩子们一下给锯歪了。有什么办法能锯直呢？孩子们实在没辙了。

作为活动的支持者、引导者，老师鼓励孩子迁移生活经验："我们折纸的时候把长方形变成正方形是用什么办法的呢？"心美说："先折一个三角形，然后把小长方形折上去，折出一个长的印子后打开，用剪刀沿着印子剪下去就是一个正方形了！"梓诚说："折一个印子吗？木头没法折印子，那我画一条线吧！"于是他拿来一支粉笔，在长木板上画上了一条直线，沿着直线锯，再也不会锯歪了。

做标记，锯木头，制作小椅子

2. 小板凳要几条腿？

长方形的凳面做好后，就要做凳腿了。老师问道："一个小板凳需要几条腿呢？"有的说4条，有的说2条。大家都很好奇2条凳腿是什么样的。心朗解释道："就是拿两块长方形木板分别放在凳面的两边，我家的小板凳就是这样的！"大家恍然大悟。

经过投票，最后还是决定安装四条腿的凳子。鑫栎找了些废旧栏杆的木棍，用锯子将长长的木棍锯成了四小节。小奕负责拿凳腿，佳玥负责拿凳面，晨洋拿起锤子小心翼翼地将钉子从凳面钉入凳腿。四人合作，完成了一个小板凳。

3. 凳子不平稳怎么办？

当大家满心欢喜地将板凳置于地面时，却发现了新问题：板凳怎么像瘸子一样站不稳？经仔细观察后，他们发现凳腿有长有短。那如何解决？晨洋说："凳腿要一样长。"在经历了错误的经验后，孩子们恍然大悟，原来要使板凳平稳，凳腿要一样长。

孩子们重新锯了四条凳腿，将凳腿比对了一下，四条长短不同。于是，他们又想办法用锯子把长的部分锯掉，将两条凳腿比对后再在另外两条凳腿上做上标记，按着标记将多余的木头锯掉。就这样，在不停的比对后，四条凳腿终于一样长了。这下小板凳终于平稳地站在了地面上。

【幼儿的经验与学习】

孩子们已有了废弃资源再利用的意识，那如何变废为宝呢？因为工匠叔叔做了桌子，所以孩子们自然而然想到了制作板凳，板凳体积小，结构简单，适合中班孩子制作。在看似简单的制作中，孩子们也碰到了不少的问题，但失败乃成功之母，从失败中他们获得了有益经验。在教师的引导下，孩子们从折纸中迁移经验，用做标记的方式锯木头，能锯准木头，防止歪斜。还是从失败中孩子们明白四条凳腿一样长短方能使板凳平稳。四条凳腿如何一样长，这涉及测量的问题。这次孩子们是通过一一比对的方式，但是这种方式比较费时费力，是否还有更好的方法呢？答案肯定是有的，在测量方面，有待孩子们继续探究。

【教师的思考与支持】

支持幼儿的想法，提供丰富的材料和工具，引导幼儿认识和使用简单的工具，鼓励幼儿自己探索制作的方法和技巧。教师给幼儿主动探索的空间，让幼儿自己去尝试，通过个人的经验（即使是失败的经验）来学习，而不是向幼儿灌输设计制作的技能技巧，引导幼儿积极构想，肯定幼儿的想法。

（二）木块、木屑来创作

在制作凳子的时候，锯下来许多小木块，还产生了一些木屑，这些小木块和木屑能有什么用呢？孩子们将它们放到了班级里的美工区。

1. 木块作为画板

木头表面颜色单一，可当做画板。制作小板凳过程中留下的边角料可不能浪费。

吴阳拿起一块木块，用蜡笔在上面画了一个小太阳。怡冰用了不同的方法，她拿出颜料板，先用记号笔在木块上勾勒出轮廓，再涂上颜料。因为颜料能渗透在木头的缝隙中，所以颜色看上去更饱和，表面也更平整光滑。经对比大家觉得在木块上更适合用颜料画。最后在硕硕的建议下，我们将木块画做成吊饰挂起来。

用木块进行创作

2. 木屑粘贴画

欣蕊在美工区制作蛋壳贴画，小毅也跟着一起制作。因为新投放了木屑，小毅尝试用木屑粘贴。她发现木屑比蛋壳要黏，拿起不会掉！小毅撒了一把木屑，她觉得像撒盐似的，非常方便，并且这样小朋友的手就不会碰到胶水了。

用木屑进行创作

【幼儿的经验与学习】

幼儿对颜料感兴趣就会在纸上画颜料画,对于新投放的废弃木头也抱有兴趣,两种兴趣碰撞,自然而然擦出火花,孩子们将纸上作画的经验迁移到木块上。在木块上画画的过程中,幼儿获得了有益经验:颜料比蜡笔涂的效果好,颜料是液体的,渗入木头的缝隙中,颜色饱和,表面质感平滑。在粘贴画中,幼儿将蛋壳与木屑进行了对比,最后总结出经验:木屑比较细小,被胶水黏住后更加牢固。

【教师的思考与支持】

在制作板凳的过程中产生的木屑以及多余的边角料,是否还能被再利用?如何体现"木"在各区域的价值,这取决于幼儿对"木"的需求与利用。因此教师只是作为一个观察者、提供材料者,没有过多的干预,创造宽松的心理环境,激发幼儿的创造意识和动机,这是非常重要的。

三、烧过的木头还有用吗?

小板凳制作的过程中还有很多废弃的小木块和木屑,之前木匠叔叔在制作过程中也留下很多的木屑。孩子们将这些不能够再制作成成品的废弃木块和木屑放在了炊事区。

(一)木头还能煮山芋

期待已久的炊事活动开始了。我们挖来很多山芋,有的放在锅子里水煮,有的放在灶头里火烤。孩子们坐在自己亲手做的板凳上,开始了炊事活动。

奕灵想多加些木块,这样火会烧得旺一些。思悦还想再加点木屑,到底会怎么样呢?思晨用火钳夹取了些木屑后,放入灶火中,"轰"的一声,木屑很快消失在火中,火苗只在一瞬间旺起来。再看一看灶膛里的木块,木块还在燃烧,形状还很完整。思悦

木头可以煮山芋

感叹道:"木块烧的时间好久,木屑放在火里居然这么快就不见了!"

(二)木块和木屑烧后变成了什么?

木块和木屑在经过一场大火后,还是原来的样子吗?如果不是原来的样子,那它们变成了什么?

1. 木块变成了黑炭

恺乐用火钳夹出一块不再燃烧的木块,木块变成了黑色,上面有很多红色的小火星。老师告诉孩子这个是木炭,因为火没有完全熄灭,所以残留了火星。他们还发现木屑好像也变成了红色的小火星。

第二天,孩子们来百草园玩耍时,还惦记着灶头里的宝贝,经过了一夜的冷却,它们发生了什么变化呢?宇轩很好奇:"这些灰色的东西是什么?是木屑变来的吗?"老师告诉他:"对呀,木屑在烧过之后变成了灰黑色的木灰。"恺乐捏了一下木炭:"碎了!变得好脆,好像比木块轻了。"宇轩随后也摸了一下木灰:"这个灰软软的,好像面粉啊,比木屑还要软。"他们分别发现了木头和木炭以及木屑和木灰的前后变化,真的很棒!

2. 用黑木炭来画画

恺乐发现木炭变脆了,好像饼干。他越捏越起劲,一块、两块、三块……木炭都被碾成了粉末状,他享受这碾碎带来的快感。很快,他发现自己的手指头也变黑了,顺手就往水泥地上擦了擦,地上也变黑了!这好像给了他灵感,于是他又拿起一块完整的木炭在水泥地上画了起来,写上了数字"3"和"4"。站在一旁的小朋友都纷纷鼓起了掌,原来木炭还能作画。

木头变黑炭后还可以进行创作

孩子们收集了许多木炭放到了班级各个区域。美工区的孩子们用木炭来画画。瑄瑄用木炭画了一个太阳，还有一棵苹果树。梓诚在木炭绘画中又发现木炭两端有粗细，画的海鸥翅膀上有一条粗的和一条细的线条，真神奇！

3. 这样的芝麻糊你要买吗？

木灰被孩子们投放在小吃店，他们会用这个来制作什么呢？欣蕊："老板，我要一杯芝麻糊！"洋洋拿来一个一次性纸杯，在里面放入木灰，又倒了些水，然后用树枝当搅拌棒，搅了搅。于是，他又往"芝麻糊"里撒入一些木屑："再放些白砂糖吧！这样会甜一些。"最后，他在杯子里插上吸管，一杯"芝麻糊"就这样完成了。

4. 木灰、木炭做养料

晨晨从奶奶那里得知：把木炭碾碎后和木灰混合在一起，再埋进土壤里，这样植物就会长得又快又大。于是大家一起去灶头前取了很多的木炭、木灰，将木炭敲碎后和木灰混合在一起。

给树木添加木灰、木炭养料

孩子们表达了不同的愿望。思悦想在花泥里放点木炭，希望春天到了，能开出更多漂亮的花朵。晨晨想在小树苗底下的泥土里撒一些木炭和木灰，希望小树快快长大！

老师问孩子，木头从哪里来，他们都知道是树木。老师给他们强化概念，木头是宝贵的资源，如果我们想要木头，不仅要节约用木料，更要保护我们的树。

"那我们一起去种树吧！"昊昊提议道。"我们要种好多好多不同种类的树。"大家兴奋地喊道。

孩子们提出疑问："那树会死吗？"老师很明确地告诉他们，树肯定会有枯竭的那一天。他们似乎有些伤感却又带着一丝希望："那等到树枯竭了之后，我们可以用来做木头的东西了吧！""到时候我们已经长大了，再做一个大的板凳吧！"

【幼儿的经验与学习】

木块和木屑在燃烧过后变成了木炭和木灰,幼儿能通过观察、比较与分析,发现并描述它们前后的变化。木炭比木块更脆,颜色变黑,木灰比木屑更加柔软,颜色变灰黑。在探究木炭的过程中孩子们发现木炭会在手指上留下"痕迹",就像蜡笔,于是他们在地面上进行尝试,发现可用木炭作画。木灰作为替代物,在小吃店被幼儿当作"芝麻糊"来制作。木块与木屑化为灰烬后,是否意味着终结呢?事实上木炭与木灰埋入土壤能滋养大地,利于植物生长。孩子们的心愿是希望有更多的"木",所以将木炭、木灰"还"给树,造出更多的"木"。这是"木"生命的轮回。

【教师的思考与支持】

提供充足的材料,以保证幼儿能反复观察、操作,与客体相互作用,在探索操作过程中去探索、发现、判断。在活动中给幼儿充足的观察和操作的时间,鼓励幼儿大胆尝试,激发其探索欲望,对于幼儿的想法加以支持,通过家园合作的力量,让孩子从家长那里获取知识及经验。

故事解读

这个由"木头人"引发的探索木头的故事,体现了主动学习是如何帮助儿童获得认知技能的。在这个探索木头的故事中,孩子们积极参与他们的学习过程。当孩子们一步步亲身经历"收集废弃的木材→用废旧木材制作板凳→残留的边角木料来烧火→烧成的木炭、木灰滋养树苗→长成大树→树木枯竭→被人类再利用"这样一个大循环的过程时,他们能把科学思维立即运用到实际情境中去。孩子们发现不同的木纹,用敲打发出声音来辨别不同材质的门,他们设计制作小板凳,他们通过燃烧把木头变成木炭……这些活动反映了杜威的教育理论:儿童是在参与他们感兴趣的经历中学习的。

杜威强调兴趣对儿童学习的必要性。在孩子们对木头感兴趣时,他们展现出的好奇促进了他们的学习。这一点揭示了杜威有关兴趣和认知关系的观点:当孩子们开始懂得有关木头的有用性时,他们就继续渴望学习更多相关的知识。孩子们所经历的木头探究的过程和杜威关于学习的概念是紧密相连的，杜威认为学习是通过努力、思考和动力来提高的。在这个案例中，孩子们一起合作完成小凳子的制作时，他们花费了很大的力气来练习锯木头，用了很多的时间来解决凳子腿长短不一的问题。

在整个探究木头的过程中，孩子们了解了木头的功用，体验了木头的制作和转化，用木灰滋养树木，其中也涉及了杜威所说的反思性实践。杜威认为反思是一个强烈的、缜密的过程，是知识获取的关键元素。纵观整个故事，孩子们就利用木头进行集体、小组讨论，他们用语言以及日益增加的更复杂的词汇来描述木头循环，并以此来表达自己。他们在用木灰滋养树木的时候，期望有更多的木头的收获，感受到树木成长的循环。这里的每一步都是一种反思的形式，这就增加了儿童对树木的成长、自然界与人类的相互依存的理解。

这个故事中，教师的行为也反映了杜威有关教师是合作学习者而非知识掌握者的思想。教师始终是孩子们学习的同伴、引导者，而非知识的告知者，他们和孩子一样葆有好奇心，一起探索。建议教师在今后类似的活动中，能及时抓住生活中发生的与孩子所探索的事物相关的事情，如孩子们在百草园找木头时，正好遇到木匠在进行木工活动，可以给孩子制造一些与木匠互动的机会，如对木匠进行访谈，请木匠给孩子们展示木工活动等等。

（故事记录人：孙翊）

种 豆 豆

故事缘起

"种豆,种豆,种什么豆?"只见李毅扮演的"种豆人"用食指有节奏地在"收豆人"轩轩的手掌上"种豆"。当儿歌念到最后一句的"收"字时,"收豆人"的手掌立刻合上,去抓"种豆人"的手指,"种豆人"要赶紧缩回手指。如果"种豆人"的手指被抓住了,算"收豆人"赢,没有被抓住,算"种豆人"赢。两人开心地玩着"种豆豆"游戏。

"种豆豆"游戏还有一个玩法是一问一答的形式:

提问:种豆、种豆,种颗什么豆?

回答:种豆、种豆,种颗黄毛豆。(可以根据自己的想法说不一样的豆豆)

提问:种豆、种豆,种在哪里呀?

回答:种豆,种豆,种在肩膀上。(根据提问者手指的地方或者拍的地方回答)

孩子们开心地玩着各种"种豆豆"游戏。玩着玩着,轩轩突然跑过来拉着我的手,说:"刘老师,我们真的能种豆吗?""可以啊!"轩轩听了兴奋起来,并把这个消息告诉小伙伴。

"那我们种在哪里呢?"带着这个问题,大家讨论了起来。李毅提议种在种植园地里。可是,我们的种植园地里已经种了各种各样的萝卜,满了,种不下。于是莎莎提议说:"可以种在百草园,那里有很多地方可以种。""那百草园哪里可以种呢?"

带着轩轩的问题,我们来到了百草园,大家发现百草园里有一块自留地,那里光秃秃的,很适合种豆,于是我们的故事开始了。

一、豆子哪里来

地方选好了,那我们的豆子哪里来呢?孩子们开始讨论起来。鑫鑫觉得可以买一些豆子,这样品种比较多而且又方便。凡凡却觉得自己家里有很多豆子,可以让爸爸妈妈从家里带豆子过来。李毅提出来说:"我们可以自己去百草园找豆子。"

童童非常赞同李毅的想法,她说:"我们平时吃的苹果、梨里面都有像豆子一样的东西,那是种子,我们可以把它们留下来种。"

轩轩也附和地说:"豆子就是植物的种子。"

果果说:"是的,幼儿园的树上也有很多的种子。"孩子们叽叽喳喳地讨论着。

(一)收集豆子(种子)

针对讨论的结果,我们开始收集起来。

1. 采摘学校树上的种子

"幼儿园这么多的树,哪些树上有种子呢?"轩轩提出自己的问题。于是,孩子们特地在幼儿园进行了寻找,他们找到了许多带果子的树,有紫藤的大果夹,有紫荆的小果夹,还有合欢树的果夹,孩子们从树上采摘,在地上捡拾,收集了许多幼儿园树木的种子。

找种子

2. 自己吃的水果种子

每天午睡起床后,孩子们都会吃些水果,自从开始寻找种子活动后,孩子吃水果的时候就会关注水果中的种子。

诺诺说:"看,这个梨里面有黑色的小种子呢。"轩轩灵机一动,也说道:"那我们可以种在我们的自留地上呀。"其他小朋友听完后,纷纷点头表示赞同,他们都期待着梨种子能变成梨树。

于是,小朋友们都主动地把梨种子留下来。

这样,我们根据学校每天提供的不同的水果,

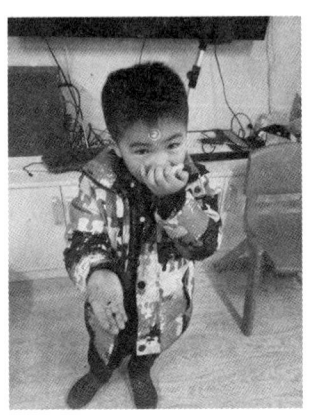
自己吃的水果种子

收集了苹果种子、橙子种子、火龙果种子等。

（二）寻找工具

收集完种子后，我们就要去种啦。可是，我们的种子怎么种呢？用什么种？这就又引起小朋友们的思考。

莎莎说："我们可以自己用手挖呀。"直接挖手会受伤，诺诺提议买工具挖，可是买工具对我们来说又很浪费时间，所以我就问孩子们："那大家想想，除了买的我们还能寻找哪些工具呢？"轩轩说："那我们可以找地上的树枝进行种植。"大家都觉得这个想法不错。李毅还想出来用地上的小棒子进行种植等。

大家你一言我一语地讨论起来，根据幼儿讨论的结果，我们决定去百草园寻找些树枝、木棒、石头等自然材料进行挖掘种植。

【幼儿的经验与学习】

从种豆游戏到提出真的种豆，可以看出孩子们渴望真游戏。在寻找豆子的过程中，孩子们借助了自己的生活经验，采摘一些幼儿园树上的种子来种，由此幼儿认识了相应的树的种子，并体会到了亲手采摘的快乐。他们还结合生活经验，了解到一些水果的种子也是可以进行种植的。这一系列的经验增长，是孩子们主动探究得来的，大大满足了孩子的兴趣和探究欲望。当有孩子问收集到的种子怎么种时，其他孩子根据自己的已有经验纷纷提出自己不同的想法，并能够在讨论中协商，探讨出用合理的工具进行种植。他们还运用生活迁移，想出用身边的一些自然材料当工具，说明他们乐于动手动脑来探索物体和材料。

【教师的思考与支持】

面对幼儿提出想要真的种豆时，教师懂得尊重和支持幼儿，鼓励幼儿大胆提出自己的想法，并且让幼儿对自己的想法进行尝试。当幼儿看到树上的一些小种子时，教师适时地跟幼儿讲述这是什么树的种子，认真对待幼儿的问题，帮助幼儿获得认识各种树的新经验。在幼儿提出种子怎么种时，教师让幼儿自由谈论、探索，充分发挥幼儿的主体性。教师还适时地引导幼儿用周边的自然材料当作种植工具，让他们感受到身边到处是可用的资源，要学会合理运用，激发幼儿原有的生活经验。在讨论结束后，教师对他们的想法给予肯定，支持他们的探索结果，给予他们尝试的机会。

二、我们要怎么种

（一）第一次种

孩子们讨论完用什么工具种植后，纷纷去寻找自己的种植小工具了。这不，童童找到了一根树枝进行种植，可是问题也接踵而来……

童童用树枝挖土，怎么挖都挖不动，这可如何是好？轩轩看了看说："你那个树枝太细啦，你可以去找根粗点的树枝。"

李毅在另一边也挖不动泥土。诺诺看了看，发现那边的泥好像太干了，于是提议李毅去加点水。

第一次尝试种植时，孩子们遇到了各种各样的问题，带着这些疑问，我们进行了讨论，分析探索出适合种种子的工具和外部条件。

种种子

老师问："今天哪些小朋友的种子是已经种植成功的？"

只有五名幼儿（鑫鑫、诺诺、李毅、童童、欣欣）举手表示自己种植成功。

老师说："那你们说一说，你们是用什么工具进行种植的？"

鑫鑫说："我用的是一根木棒，我当时不断地用力挖挖挖，就挖出一个洞，然后把种子种进去了。"

诺诺说："我当时用的是一块长长的、尖尖的石头，也能挖个洞把种子埋进去。"

童童说："我刚开始用的是一根细的树枝，结果没挖动，后来听了轩轩的建议改成用粗一点的树枝挖，就挖动了。"

李毅说："我也是用粗的树枝挖的，结果也没挖动，后来发现，原来我们种植的泥太干了，所以我们几个小朋友又给泥加了点水，这样挖起来就容易多了。"

小朋友们你一言我一语地说着。根据他们种植后的分享，我们总结出：种植时需要厚实点的工具，并且在湿漉漉的泥上种种子更加方便。

（二）第二次种

经过第一次种植的失败后，孩子们有了经验。这次种植，他们先找到用于挖土的工具，有的找了粗树枝，有的找了废旧的筷子、牙刷等等，都选择了比较牢固的材料。

在挖土的时候，他们发现给泥土浇水，可以让泥土变软。有了趁手的工具，掌握了挖土的技能，这次种豆活动比较顺利。一会儿，野草区响起了孩子们开心的笑声。

【幼儿的经验与学习】

孩子们根据自己的已有经验，进行了工具的选择。在第一次种植时，绝大部分孩子都没有成功，但他们不气馁，而是认真分析失败的原因，并根据成功者的分享得出种植要点。于是第二次种植，所有孩子都获得了成功。在种植过程中，孩子们不断地思考与尝试，并且结合生活经验探索出种植成功的条件，说明孩子们有一定的探究能力，能根据观察结果提出问题，大胆猜测，并在实际操作中得出结果。

【教师的思考与支持】

在幼儿选用自然工具进行种植时，教师让幼儿自由谈论探索，充分给予幼儿自由探索的空间与时间。当幼儿经历第一次种植失败时，教师引导幼儿一起探索，总结出种植失败的原因，并且鼓励幼儿进行第二次种植。教师一直在创设一个利于幼儿探究的氛围，用自己的好奇心和探究积极性感染和带动幼儿，不断地引导幼儿在探究中思考，尝试进行简单的分析和猜测。

（三）做标记

当孩子们把种子种好后，看着自己种种子的地方，想到了一个问题："过几天我们再次来百草园时，怎么知道我们的种子种在什么地方呢？"小朋友都想到了要给种子做标记，这样下次来照顾种子时就能找到种子的所在位置了。可是，我们要怎么给种子做标记呢？

莎莎说："我们可以放块石头在种植的地方。"但是很快被李毅否定了，他说:"石头很容易就被小朋友踢走了,到时候还是找不到我们的种子。"这可怎么办呢?这时候果果突然说:"那我们可以先放块石头在我们的自留地上,再回到教室去用纸张画一个标记,到时候直接插在泥里面。"小朋友听完后,纷纷赞同果果的观点。

于是,大家说干就干,小朋友们各自在自己种的种子上放了特殊的物品,如石头、树枝、树叶等。这样当他们回教室画好标记后就容易找到自己种的种子了。

1. 第一次做标记——纸质标记

这不,小朋友们立马回教室画起来了。大家都很有创意,在纸上画上自己喜欢的图画。当小朋友画好标记后,就要去放标记,那我们的标记应该怎么放在种子上呢?

童童说:"我觉得我们把这张标记图直接放在种子上就可以了。"李毅听完后忙说:"可是这样放着会被风吹走的。"最后小朋友都觉得标记应该贴在一些不会被风吹走的物品上,然后再放在种子上。

凡凡说:"那我们可以贴在树枝上,然后把树枝插在泥里面。"

果果说:"我觉得我们还可以把标记贴在石头上,然后把石头放在种子上。"

孩子们的创意无限,都想出了很多的好办法,并去实施了起来。看,这些都是我们自创的标记,漂亮吧。孩子们看着自己的成果,喜笑颜开。

纸质标记

两天后,暴雨突袭了我们的自留地。雨后我们的自留地一片狼藉,孩子们做的标记都湿了烂了,怎么办呢?

2. 第二次做标记——防水标记

带着这样的疑问,我们又进行了讨论。我们的纸质标记被大雨淋湿就会坏掉,该如何做一个不被雨淋坏的防水标记呢?孩子们你一言我一语地商量着。

鑫鑫觉得可以先画在纸上,然后把纸放在塑料袋子里,这样就淋不到雨了。李毅却觉得放在袋子里的标记不容易让别人看清楚。

童童提议说:"我记得我妈妈会塑封照片,说是可以防止照片被弄湿,那我们也可以把标记塑封下。"

大家纷纷赞同童童的说法。于是,大家回到教室,又在纸上画了标记,然后嚷嚷着让我去塑封。

防水标记

孩子们拿着塑封好的标记,开心极了。按照之前的方法,他们又把塑封好的标记贴在自然物上,并把自然物插在泥里或者摆放在泥上面。

可是有一天,孩子们来到百草园,看到有的标记不见了,有的则在隔壁的沙池里。原来大风来过。这可如何是好?

3. 第三次做标记——木板标记

孩子们看到被大风吹走的塑封好的标记,不知所措。童童说:"看,吹走了好多标记。不过我的标记没被吹走。"那为什么有的标记被风吹走了,有的标记没被吹走?大家讨论着。

童童说:"有些粘贴不牢固。"

李毅说:"是的,你看,有些标记根本还没插进泥里,所以就容易被风吹走。"

凡凡说:"有些标记都贴在了那种很细小的树枝上,也很容易被风吹走。"

那我们怎么样有效率地做标记,不怕大风大雨,能保持标记使用的持久性?孩子们觉得纸张标记肯定不行,虽然有塑封保护但不牢固。他们考虑可以在木板上画画做标记,再把木板固定在粗树枝上,深深地插入泥里。

于是,我们在百草园的木工区寻找到了几块小型的木板,并用颜料在上面画上有标志性的图案,随后用钉子把树枝和木板钉起来,再把木头标记牢牢地插在种子的边上。

木板标记

【幼儿的经验与学习】

从第一次尝试做标记失败到第二次再到第三次，孩子们始终积极面对问题，勇于承担，坚持到底。他们不断总结失败的原因，在总结中了解到纸质标记不牢固，容易被雨淋湿，所以他们想到了要把纸质标记塑封；当发现塑封的防水标记也不是很牢固，容易被风吹走，他们又探索出在做标记时要运用到比较厚重的材料。在一次次地探究具体事物和解决实际问题中，孩子们不仅获得了丰富的感性经验，还发展了探究能力，他们不断积累经验，并运用到新的学习活动中。

【教师的思考与支持】

幼儿的思维特点是以具体形象思维为主，所以在幼儿做标记的过程中，教师始终引导幼儿在直接感知、亲身体验和实际操作中进行学习。当幼儿遇到问题时，教师一直站在幼儿身后，鼓励着他们和同伴一起相互协商、相互合作，共同解决问题，为幼儿创设了良好的探究氛围，让他们在愉悦、积极的氛围中获得更深层次的发展。

三、保护我们的种子

(一)保护种子——借助自然物

孩子们看到自己的标记完好无损地插在自留地上,都开心极了。

童童说:"我听说有虫子要吃种子的,到时候我们的种子被吃了怎么办?"于是,孩子们想到要保护种子。怎么保护呢?轩轩想到了办法,他说:"我们可以在种子四周把它围起来。"那怎么围呢?李毅说:"我们可以找些石头围起来。"果果也说道:"我们可以用一些树枝把种子围起来。"

孩子们展开了奇思妙想……

保护种子

(二)等待种子发芽

种子种下去,也种下了希望。每天,孩子们都会去自留地看看种子,他们都在期盼自己的种子快快发芽……

【幼儿的经验与学习】

孩子们在种种子的过程中不断地尝试、失败、再尝试,最后获得成功,他们的探索能力得到进一步的升华,并体会到了成功的快乐。科学探究不是一步到位的,它需要不断地尝试。在种子种完后,孩子们通过已有生活经验感知到,要想种子健康成长,需要给种子采取些保护措施,并且再一次通过探讨,尝试给自己种的种子做好保护,大大满足了孩子的兴趣和探究欲望。

【教师的思考与支持】

通过幼儿对种子的"收集—种植—保护",教师看到了每个幼儿心中那颗发现美、创造美的小萌芽。要想让这颗小萌芽根深叶茂，就要多带他们去自然中寻找源泉，真诚地接纳，多方面支持和鼓励幼儿的探索行为。生活是教育的源泉，游戏是快乐的学习。我们在幼儿园课程建设中应该让教育回归生活，把游戏还给幼儿，让幼儿置身于快乐的生活和真实的游戏体验之中。打开幼儿的游戏之窗，让他们真正在体验中获得发展，快乐地成长。

故事解读

陈鹤琴先生强调"大自然、大社会是我们的活教材"。在《种豆豆》故事中，幼儿一天的许多时间段都身处户外，与种子、泥土、野草、树枝、砖石等自然物为伴，大自然成为幼儿的活教材。现在的幼儿，即使是生活在乡镇，也很少有机会去直接接触泥土，在"种豆豆"活动中，他们有很多机会去接触泥土，感受不同位置的泥土特性。在百草园的野草区，有的幼儿寻找不长草的泥土，用随意找来的小木棒、小树枝、铲子等来挖泥土，然后把他们的宝贝"豆豆"种到泥土里。在选择适合的土壤中，在挖泥的过程中，幼儿能充分体验泥土干与湿、松与紧等特性。

陈鹤琴先生在他的教育方法理论中说，活教育方法论的基本原则是"做中教、做中学、做中求进步"。活教育重视直接经验，强调以"做"为中心，主张在学校里的一切活动，"凡儿童自己能够做的，应当让他自己做"。动手做了就能与事物发生直接的接触，就得到直接的经验，就知道做事的困难，就能认识事物的性质。《种豆豆》课程故事就是在很好地实践陈鹤琴教育思想。让幼儿在做事情（种豆子）中学习，正视遇到的实际困难，进而采取措施去解决问题，在亲近自然、实际操作中获得进步。

用什么方法来保护自己种下的"豆豆"？要预防小鸟把"豆豆"衔走，要防范不清楚情况的孩子把"豆豆"踩坏，还要让自己认得"豆豆"种植的方位，这些问题的解决，就是"做中学，做中求进步"的过程。这些问题对于中班的孩子来说是困难的，老师没有给出直接的答案，而是给孩子充分的信任和自由，让他们用行动去不断尝试，通过多次"试误"，孩子们慢慢找出了解决问题的方法，然后在百草园里寻找可以使用的自然资源，做出一个让自己满意的种子保护圈。

这次"豆豆"种植的季节是秋季，错过了植物生长的最佳时机，故事中孩子们种植的"豆豆",大多数都没有发芽,这对于孩子来说很有挫败感。但这样的一次经历让孩子对于植物的生长与季节的关系有了真切的认识,也希望这个故事中的老师和孩子在春天的时候,再来一次"种豆豆"的探索活动。用好"大自然、大社会"这本"活教材",让幼儿和教师都能在"做中教、做中学、做中求进步"。

(故事记录人:刘佳宇)

七巧板

故事缘起

七巧板,是我国传统的拼板玩具,由七块薄板组成,包括大等腰三角形两块、中等腰三角形一块、小等腰三角形两块、小正方形一块、小平行四边形一块。七巧板合拼起来成正方形,分开可拼成各种人物、动物、花卉、亭台等样式,可一人玩也可几个人比赛玩,是幼儿园阶段小朋友喜欢玩的玩具之一。

七巧板

在幼儿园开展"民间游戏节"的时候,班级里添置了许多民间游戏玩具,我们把七巧板放置在益智区里,让幼儿自由地玩。有些孩子第一次看到七巧板,对它充满了好奇,有些孩子家里也有,他们熟练地玩起了拼图游戏。孩子们与七巧板会发生什么样有趣的故事呢?让我们拭目以待。

一、为什么叫"七巧板"?

一天,小天小朋友在益智区发现了新投放的七巧板,他好奇地叫道:"哇!这是什么呀?怎么还是五颜六色的?"其他小朋友被小天吸引了过来,对着七巧板议论纷纷,开始煞有介事地研究起七巧板来。

(一)有几块板

苗苗认真地用手指着七巧板开始数起来:"一、二、三、四、五、六、七,它一共有七块。"嫣嫣似乎突然想到了什么:"是七巧板!我看到过,我哥哥家里有,他很会玩的!"其他小朋友也附和说,这就是七巧板。他们还发现这七块板拼成了一个正方形,七块板排得紧紧的装在一个方形盒子里。

小天也用手指点着数了一遍,发现确实是七块板,他开心地说:"我知道,七巧板就是由七块板组成的。"大家听了小天的话都觉得有道理。是不是所有的七巧板都是七块的呢?孩子们把益智区里所有的七巧板都数了一遍,得到的答案是一致的,他们还在继续研究着,似乎要找出一些新的发现。

数一数有几块板

(二)有哪些颜色

数好了数量,孩子们开始关注七巧板的颜色。菲菲对大家说:"你们看,这七块板的颜色都不一样。"大家仔细分辨发现每一块板的颜色都不一样。苗苗说:"七巧板有七块板,有七种颜色。是不是和彩虹的颜色一样有七种?"大家对苗苗的提问很感兴趣。菲菲说:"我知道,彩虹的颜色是红、橙、黄、绿、青、蓝、紫,我们一起来找找看是不是都有。"大家在菲菲的提议下,开始一个一个地寻找。他们找到了红色的三角形,橙色的三角形,黄色的正方形,绿色的三角形,在找"青"色的时候,几个小朋友争论起来。苗苗说:"青色就是青草的颜色。"几个小朋友都说,那样青色和绿色不是一样了吗?

争论不下,他们来找老师寻求答案。老师一时间也没有想好怎么回答,于是和孩子们一起在电脑上来查找答案,找到一个答案是青色是绿色和蓝色之间的颜色。听到这个回答,有小朋友就想到,大家可以去美工区找些颜料来看看。

对照着在七巧板上没有找到青色,大家有些失望,蓝色、紫色都有,最后发现有一块粉色的三角形。原来七巧板的颜色和彩虹的颜色不一样。

(三)有哪些形状

听到小朋友好几次都说到了三角形,小天说,怎么有那么多的三角形?大家也发现了这个现象,七巧板是由哪些形状的板组成的呢?孩子们开始寻找不同的形状。他们发现了有三种大小的三角形,有一个小的正方形,孩子们指着平行四边形争论着,有的说这是方形,有的说这不是方形。于是,我向大家介绍说,这叫平行四边形。还把方形和平行四边形举在面前让他们仔细地观察不一样的地方。"方形的这两条边是直直的,平行四边形的两边是斜斜的。"曦曦认真地说。"嗯,曦曦的小眼睛真厉害。其实七巧板里还藏了许多的秘密,我们可以玩一玩,找一找。"大家迫不及待地打开七巧板玩了起来。

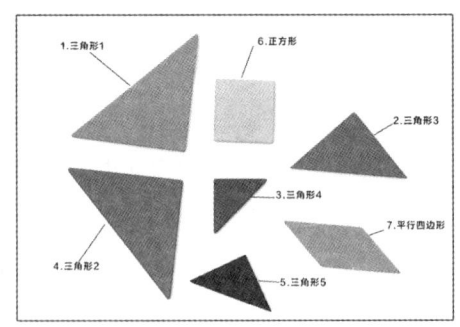

七巧板的形状

萌萌把七巧板分成了三份,三角形放在了一起,正方形、平行四边形各放一边。萌萌看了看我说:"老师,我发现一个秘密。""什么秘密呀?"我好奇道。萌萌指着桌上的七巧板说:"我按照形状分,可以把它们分成三份,这是三角形,它有这么多。""这么多是几个呀?"我问。她数了数说:"有5个呢。正方形的只有一个,平行四边形也只有一个。"

"那这五个三角形一样吗?"

"它们的颜色不一样,而且有两个是大三角形,两个是小三角形,还有一个是中的,就叫它中三角形,可以吗?"

【幼儿的经验与学习】

在七巧板的初识中,幼儿能通过点数板块了解七巧板的数量,还发现了七巧板最明显的差异性,即颜色的差异、形状的差异。在辨认颜色的过程中,有幼儿提出七巧板的颜色和彩虹色相似,又因为"青色"产生了争论,为了解决对"青色"的疑惑,幼儿求助教师,借助电脑信息,从中找到了答案,并联系生活中的物品颜色,加深了自己的认识。幼儿在进一步观察、点数七巧板的过程中,发现了正方形和平行四边形的相似之处,都是由四条边组成,还能用"斜斜的边"来区分两者之间的不同点。在"寻找七巧板的秘密"时幼儿能根据形状的不同进行分类,他们充分地了解到七巧板是由5个大小不同的三角形、1个正方形和1个平行四边形组成的,过程中幼儿不仅丰富了图形的认知和分类方法,还提高了观察能力、空间想象能力。

【教师的思考与支持】

当教师将七巧板投放在益智区后,首先通过观察幼儿与七巧板的互动情况,了解幼儿的兴趣与疑惑,当幼儿对"青色"提出疑问时,教师本着科学严谨的态度，和幼儿一起借助电脑查阅信息，找到正确的答案。当幼儿发现七巧板数量上的特点时，教师通过"寻找七巧板的秘密"来引导、激发幼儿的探究兴趣，进一步丰富幼儿对七巧板的认识，发展幼儿的图形知觉和空间想象力。在幼儿不断尝试和拼搭的过程中，教师始终以鼓励、支持的态度一步一步引导幼儿对七巧板的认知，丰富其经验。

二、七巧板可以怎么拼？

（一）我来拼拼看

在进行形状分类的时候，孩子们已经迫不及待地开始玩起来。晨晨指着自己拼出的正方形图案，激动地喊道："老师，老师，你看我，我拼出了一个方形。"欢欢有些不服气地嚷道："这么简单，我也会。"说完，她也拿起两个小三角形摆弄着。她把直角边拼在一起后说："看，我拼出一个三角形。"当她把斜边拼在一起后又说："我也会拼方形。"

拼方形

还能拼出什么呢？在老师的提问下，晨晨又开始摆弄两个三角形，拼来拼去还是只拼出三角形和方形。他说："老师，只能拼出三角形和方形。"我听了笑道："真的吗？你再试试看。"这时，恬恬拼出一块平行四边形，她说："还能拼出这样的。"晨晨好奇地问恬恬："你是怎么拼的呀？"恬恬笑着说："就这样拼啊。"晨晨仔细地看了看恬恬拼出的平行四边形，把两个三角形分开，照着恬恬的拼法，把一个三角形翻了一面，再拼在一起，他

随意拼搭

笑着说："我也拼好了。"孩子们从七巧板中挑出自己感兴趣的形状进行随意的拼搭。

(二) 看图拼搭

在认识了七巧板，感受到形状组合的乐趣之后，幼儿对七巧板可谓是爱不释手，只要一有空余时间，就会发现他们围在一起开始拼搭。

源源发现了七巧板的盒子的背面贴有图纸，他立即将这一发现告诉了同组的伙伴："七巧板的背面有好多图纸，我们可以照着这个图纸来拼。"

源源带头说："我要先拼一个猫咪。"嫣嫣听了之后说："那我也要拼

看图拼搭

一个猫咪。"妞妞听了以后不甘示弱："我要拼一个房子。"嫣嫣也立马再提出目标："那我要拼一个长方形。"一旁的小天则面露难色："我这个小兔子有点难啊，这一块平行四边形应该怎么拼呀？"嫣嫣听了以后热情地给予了帮助："我来帮你吧，这块平行四边形应该这样拼。"

(三) 怎么收七巧板

1. 是放回小盒子里，还是一样的形状放一起？

幼儿在收拾七巧板时，出现了两种整理方法。

一种是按形状整理，菲菲把所有的三角形、所有的正方形和所有的平行四边形整理在了一起，变成了几堆。另一种是把七巧板装进原来七巧板的盒子里整理收好。针对这两种整理的方法，幼儿产生了分歧，有的人认为

将七巧板收回盒子里

按形状收好，有的人认为按盒子收好，双方各执已见。

菲菲："我觉得按形状收好，平常我们收玩具的时候都是要这样收的！而且这样收能够把拼块收得很整齐。"

妈妈："我觉得七巧板装进盒子里以后再收起来更好！因为七巧板如果按照形状收的话很容易搞乱掉，也不能够知道是不是所有的七巧板都能够拼回去，有可能丢了也发现不了。如果按照整盒收的话，很快就能看到哪一盒里面是不是有缺的了，而且放起来也很方便。"

菲菲和妈妈都坚持自己的想法，于是她们提出了一个解决的方法。

妈妈不服气地说："那要不我们比比看，到底是谁的方法能够收得更好吧！"

菲菲也没有示弱："比比就比比！"

2. 哪个方法好？

菲菲和妈妈开始了收七巧板比赛，看看她们俩用各自的方法谁收得更好。菲菲找得很快，没多久就把七巧板的拼块都分好了，但是收的过程中，有两块拼块由于收的时候动作太大，不小心碰到了地上，菲菲却没有发现。菲菲收完了以后，理成了几堆但是却显得很乱。妈妈在收的时候明显慢了一些，但是妈妈收得很仔细。虽然中间也掉了几块，但是由于盒子里缺了空，妈妈很快就发现了并且找到掉落的拼块。妈妈将每一副七巧板拼回了盒子里后，又将盒子摞在了一起，叠得很整齐。

菲菲看到妈妈的整理结果后，说："妈妈，看来还是你的方法更好用。"

分形状摆放

试验两种收拾方法

【幼儿的经验与学习】

幼儿在拼搭七巧板的过程中发现了图形之间组合的变化，不仅能够将几块几何图形组合成新的图形，还能用两块相同的三角形组合成大三角形、正方形以及平行四边形，幼儿的形状概念更加深刻了。当幼儿发现七巧板盒子背面的图例时,他们能够选择自己喜欢的图例进行自主拼搭并命名,在过程中幼儿连接了实物与形态之间的桥梁,他们的观察力、想象力都得到了发展。在整理七巧板时,幼儿发现了两种不同的收拾方法,并运用比赛的方式来选择更合适的收拾方法,合理地解决问题。

【教师的思考与支持】

教师在支持幼儿自主拼搭七巧板的过程中,给予了幼儿一定的自由探索时间,以"还能拼出什么""你再试试"这些鼓励的话语引导幼儿不断地尝试拼搭,组合成新的图形。当幼儿提出两种不同的整理方法时,教师为幼儿创造试验比较的条件,引导幼儿能够大胆联想、猜测问题并主动地想出方法来验证,让其能够积极地动手动脑、自主探究到结果或答案。教师根据观察、发现,提出"像妈妈这样的方法真的就是最好的了吗?有没有更好的方法?"这样值得继续探究的问题,始终引导幼儿保持着好奇心去动手探索、探究。

三、制作七巧板

1. 我会自己拼贴画

在区域活动中,幼儿拿着木质七巧板在白纸上尝试着拼拼搭搭。甜甜用七巧板在一张白纸上拼了一条鱼,她拿起纸要给好朋友看,可是刚一动,纸上面的七块板就散掉了,她只好再一次把七巧板摆放好,小心翼翼地用双手捧着纸,还没有走动,七巧板又掉下来了。甜甜对妞妞说:"我想拿到你的桌子上,给你看看我拼的小鱼,可是总掉下来,能不能让它乖乖地待在纸上呀?"妞妞听了后,也和甜甜一起来尝试,想要把七巧板图案固定在纸上,但拼出来的图案没法固定,一拿起来就散了。甜甜摸了摸纸,说道:"哎呀,这个怎么弄啊?这个纸我一动它,它就软了。"

一旁的妈妈把七巧板和纸分别放在两只手上掂了掂重量,说:"会不会是七巧板太

纸质七巧板拼图

重了,纸太薄了,所以才散了啊?"

她们找到了原因,但是没有办法解决,便来向老师求助。我指着益智区里的纸质图形说:"你们能不能用纸自己做一些七巧板呢?"在我的提议下,孩子们模仿着木质七巧板,开始制作纸质七巧板。

有了纸片七巧板,孩子们可以继续创作他们的七巧板拼贴画了。

妞妞用两块大三角形,两个小三角形,一个平行四边形和一个正方形拼了一只小猫。

甜甜用七巧板的七块图形拼了一只正在奔跑的犀牛。

嫣嫣用七巧板的七块图形拼了一条在海里游泳的热带鱼……

小猫

奔跑的犀牛

2. 做一本七巧板拼贴画书

妞妞组合出一个新图案,她对心心说,自己想要把这些画一直保存下来。

心心想了一会儿说:"我们可以把我们的画做成一本书呀,这样就能一直留在我们班了!"

嫣嫣有些担忧:"那光靠我们自己能做成功吗?要不,让老师来帮我们一起完成吧。"

说完,他们便来向老师寻求帮助。老师带着孩子们一起借来幼儿园的塑封机,帮助孩子们把一张张七巧板拼成的图案纸塑封起来,再用打孔机打了孔,用线串起来做成了一本七巧板图案书,放在了班级区域里。

七巧板拼贴画书

孩子们在书上看到了自己的作品后,都激动万分,迫不及待地想要去告诉身边的同伴哪些是自己做的画。

【幼儿的经验与学习】

幼儿在拼搭木质七巧板时,发现纸较轻且薄、板块有重量,在移动时,板块不容易固定在纸上。他们根据前期的生活经验,提出用纸片制作七巧板来拼贴组合更适合固定。在创作七巧板拼贴画的过程中,幼儿不断地尝试、创新,根据自己的意愿拼贴出天马行空的图案形象,他们的想象力和图形组合的能力都得以发展,同时手部精细动作也在提高。当幼儿想要保存自制的纸质七巧板图案时,他们能够联系生活中图书的样子,主动提出制作一本图册,并寻求老师的帮助一起完成制作。

【教师的思考与支持】

在创作七巧板拼贴画时,教师时刻尊重幼儿的想法,鼓励他们用自己的方式去进行创作,并且不论作品的好坏,教师都给予鼓励或表扬。在用一副七巧板拼图的基础上,教师引导幼儿用两副甚至更多副七巧板进行组合拼贴,帮助幼儿获得更丰富多彩的图案,提高幼儿的空间想象力和动手操作能力。在整个过程中,教师始终是观察者、支持者、引导者,当幼儿遇到制作图册的困难时,教师给予合理的帮助,让幼儿的想法和需要得到满足。

四、来一场拼七巧板的比赛

(一)谁来参加比赛

这个月是幼儿园的"民间游戏节",中班的孩子要在节日中做一些民间游戏的展示活动。中班年级组决定把"七巧板"作为一个展示项目,要在每个班级里选出十名选手在全体幼儿面前展示。

教师接到这个通知后,第一时间向幼儿宣布了这一消息。孩子们听到消息后激动万分,都想要去参加展示活动。但是每个班级只有十个名额,选谁去参加呢?老师把这个问题抛给了孩子,孩子们开始争论起来:

小天说:"我要参加!我要比七巧板!我拼得超快的!"

妞妞说:"老师,我们小组我收七巧板是最快的!"

罗嫣说："我在家里也玩的，我会拼很多图案了！"

......

那么多的孩子都要去，怎么办呢？有几个孩子就说，要先在班级里举办一个七巧板的比赛，谁最厉害谁就去参加七巧板拼图展示活动。这个提议得到了大家的一致赞同。

（二）比赛规则来了解

七巧板比赛，比什么呢？要怎么比呢？罗嫣说："要比一比谁拼得快！"牧源说："要比谁会拼的图形多！"彤彤说："要把它拼回盒子里吗？"

在一番讨论后，我向幼儿讲解了"民间游戏节"上展示活动的要求和规则。这次七巧板比赛规则是每个参赛队随机抽一个图形，然后第一个人拼出这个图形随后下一个人接力，一共要有十个人，等十个人都拼完后计时停止。

我讲解完规则后向幼儿提出一个问题："怎么样我们才能拿到我们班十个人一起比赛接力的好成绩呢？"

孩子们又开始了激烈的讨论，大家都觉得要先挑选出十个最厉害的小朋友。大家约好先好好练习，过一个星期后，在班级里进行一次比赛，选出最厉害的十个小朋友参加展示活动。

（三）为比赛做准备

一个星期的准备时间里，想要赢得比赛的孩子们开始认真地练习。在区域活动时，七巧板成为孩子们的首选材料，他们有时候对照图纸进行拼图，有时候把图纸放到一边，不按图拼，拼好一个图案后，快速把七块板收纳到盒子里。

来园时间、午饭后、起床后，都能看到孩子们在认真拼图的身影。他们为自己能快速拼出一个图纸上的图案而开心，也为自己拼出一个叫不出名字的图案而兴奋。

有家长和老师说，放学回家后，有些幼儿还在认真地练习拼七巧板。心心在睡觉前还不忘练习七巧板，已经九点了，心心跟妈妈说还想再拼一遍才去睡觉。

幼儿在家练习拼七巧板

（四）比赛进行时

一个星期很快过去了，孩子们期盼已久的比赛终于到来了。根据原先的分组，老师出示了比赛参考图案，每个小组先比出最快的两位小朋友，再由胜出的十四位小朋友在全班面前进行比拼。最后比出了我们班级里拼图最快的小朋友。

参加节日展示活动的人员选出来后，大家开始讨论起展示的内容，决定来一次拼图接龙展示，就是十个人每人展示拼搭一个自己拿手的图案。

两两比速度

（五）节日中的展示

十名小选手代表班级参加"民间游戏节"上的展示活动。展示活动中，轮到政霖时，意外出现了，他连续拼错了好几次，大家都很为他着急。小天看着大家着急，很贴心地对政霖说："不要紧张，你平时都很快的，加油！"听到小天的鼓励加油声，其他小朋友也在旁边帮忙加油，政霖终于拼出了自己拿手的狐狸图案，开心地笑了。

【幼儿的经验与学习】

当幼儿获知有七巧板比赛活动时，他们积极地自告奋勇，把自己的强项通过语言表述出来，有的认为速度快是拼七巧板的关键，有的认为会拼的图案多也是关键。可见，他们对七巧板比赛有一定的了解，知道速度和图案是影响七巧板比赛的因素。在前期的准备中，他们深知，想要获得展示活动的名额需要付出努力，勤奋练习，还会与同伴相互商量、讨论怎样能加快七巧板拼图的速度，在相互学习中，增强了集体意识和责任感，意志力和交谈能力也得到了发展。

展示活动

【教师的思考与支持】

在确定参加比赛的人选时,教师以讨论的方式引导幼儿去商量,给予幼儿公平的机会,以班级比赛的形式来选出最佳人选。教师始终积极鼓励每一位幼儿,相信幼儿。

五、七巧板的联想:发现生活中的"七"

幼儿通过七巧板的"七",发现了生活中还有好多"七"的身影,来听听孩子们的发现。

嫣嫣说:"我发现了七巧板总共是有七块的,七色花的颜色也是七种!"

妞妞说:"下雨过后,天空的彩虹也是七种颜色。"孩子们都联想到在认识七巧板颜色的时候就是用彩虹的颜色来对照的。

甜甜说:"白雪公主里的小矮人也是有七个的。"甜甜从自己读过的童话书中想到了七个可爱又善良的小矮人。

政政说:"葫芦娃兄弟也是七个。"甜甜的话让他想到了动画片里的内容。

苗苗用眼睛在班级里扫描着,她看到了班级里的日历,开心地说:"我们一个星期也有七天。"

老师从电脑上找了些图片,补充道:"你们看,古时候一种琴,它有七根弦。还有算盘,每一排都有七粒珠子。生活中还有很多东西和'七'有关,小朋友们可以用眼睛去观察,找一找,你还会有更多的发现呢!"

算盘

孩子们纷纷发出"哇"的惊喜声,"七"可真是一个神奇的数字呀!

【幼儿的经验与学习】

幼儿在玩七巧板的过程中,不仅对形状方面有了更深的了解,还对数字"七"产生了新的发现,认为"七"是一个神奇的数字,并且能够联系生活中的事物、现象、故事,知道一个星期有七天,彩虹有七色,白雪公主中有七个小矮人等等,获得了思维能力的发展,丰富了生活经验。

【教师的思考与支持】

当幼儿对七巧板的数量"七"有了新的发现后,教师通过开放式的提问,引导幼儿迁移生活经验,回忆、联系,还通过图片帮助其获得更多有关"七"的知识经验,丰富幼儿的认知,帮助幼儿与已有认知建立联系,启发幼儿发散、归纳等思维方式。

故事解读

《七巧板》的故事自然而然地发生了,从孩子们在教室里第一眼看到七巧板开始,从孩子们玩起七巧板开始,从孩子们制作七巧板开始……七巧板成为孩子们的好伙伴,他们之间的故事让人感受到孩子们对未知事物的好奇、探究、坚持,从未知到慢慢熟悉,从熟悉到拓展、联系。孩子们因为七巧板而经历的这一切,正是他们探知未知世界,增长个人多元智能最为真实而常见的历程。

霍华德·加德纳把智能定义为一种"生物心理学的潜能,这种能力能够吸收信息来解决问题和创造一种文化所重视的产品,而且这种信息能够在某种文化中被激活"。加德纳的多元智能理论认为每个人都有开发不止一种智能的能力,每一种智能都是流动的和变化的。在《七巧板》课程故事中其实也涉及加德纳的多元智能理论,如数学逻辑智能、空间智能、身体动觉智能、语言智能、人际交往智能、内省智能等。

诱发主动探究,获取一系列的知识来支持儿童的思维与推理。七巧板作为一种新鲜的玩具出现在班级里,教师没有事先向儿童介绍,而是直接将其放在区域中,提供机会,让儿童自己去发现,激发他们的好奇心。当幼儿对七巧板产生浓厚兴趣时,教师支持他们的探究行为。在探究中,儿童了解到了七巧板的一系列知识,七巧板由哪些几何图形构成,有几块,有哪些颜色,可以怎样玩等等。这一系列知识也是基础,支持着儿童后续的思维与推理,比如,运用彩纸自制纸质七巧板,开展七巧板拼图比赛,展开数字"七"的联想。

借助多种信息,激活儿童的智能。儿童的思维在他们感知、记忆和学习时,利用这些智能理解并对他们的世界做出反应得到发展。作为教师,我们的作用就是帮助孩子们认识并利用他们的智能。我们可以通过与儿童一起发现和学习，为儿童提供用多种方式解决问题的机会，以此来增加他们的知识。比如《七巧板》课程故事中，孩子们用不同的方式来操作七巧板这一材料，进而刺激某一种或多种智能的发展。在孩子们进行探索的时候，向他们提出开放性的问题，如：七巧板可以怎么玩？生活中哪些事物也是有七个的？给儿童提供时间去思考，不限制他们的想法，支持他们的假想。

　　七巧板是一种流传悠久的传统玩具，在幼儿园引入这一玩具时，建议教师们可以和儿童讲述其前世今生的一些故事。我想，今天孩子们与七巧板的故事，也将是今后幼儿园里教师可以给自己班级孩子讲述的故事。

（故事记录人：王弘阳）

找到最硬的壳

故事缘起

四月,正是吃蚬子的最佳时节。孩子们把家里吃过的蚬子壳带到幼儿园里作为区域游戏的材料,看着他们在区域里摆玩蚬子壳,保育阿姨就把自己小时候玩的"炒蚬子"游戏教授给他们。

"炒蚬子"游戏花样可多了,保育阿姨向孩子们展示她的炒蚬子技能,先用大蚌壳炒小蚬子壳,大蚌壳一炒一舀,一下子小蚬子壳都到大蚌壳里了,谁舀的蚬子壳最多,谁就是最厉害的玩家。舀好蚬子壳还可以玩"撒蚬子"游戏,抓一把蚬子壳随手一撒,找出一正一反的蚬子壳正好配成一个碗状,直到找不出一正一反的蚬子壳后再撒再找。孩子们可会玩了,他们把蚬子壳拿到美工区,玩拼图、涂颜色,在数学区玩排序、数数等游戏。

一时间,蚬子壳成了孩子们的热门玩具。为满足孩子们玩蚬子壳游戏的需求,幼儿园发起了收集蚬子壳以及其他各类贝壳的倡议。许多孩子和家长参与到这次贝壳资源收集活动中来,幼儿园收集站资源丰富,各班都拿到了许多贝壳。

由于收集到的贝壳有些需要做进一步的清洗、消毒、晾晒程序,孩子们都自发地帮助老师、保育员一起做这些事情,在晾晒中他们有了自己的发现。

贝壳收集告示

一、贝壳为什么碎了？

（一）发现碎贝壳

午餐后，部分孩子和保育阿姨一起洗晒贝壳，他们把已经晒干的贝壳挑拣出来，并找来了分类盒，把贝壳进行分类收纳。只见孩子们一人拿一个塑料盒子，从晾晒的大篮筐里挑拣出螺蛳壳、蚬子壳、花甲壳、蚌壳等。在挑挑拣拣中，他们发现了蚬子壳有大有小，花甲壳上的纹理不一样。他们一边分类一边交流着自己的发现。

在挑挑拣拣的忙碌中，俊宇忽然喊了起来："哎呀，这个贝壳怎么碎了一半？"子谦说："肯定是你太用力了，所以碎掉了。"俊宇一脸委屈地说："我是轻轻地拿的。"甜甜说："那肯定是它自己碎掉的。"

发现贝壳碎了

贝壳为什么会碎呢？几个孩子热烈地讨论起来。有孩子说贝壳收集来的时候就是碎的；有孩子说贝壳被人敲碎了；有孩子说是洗的时候，贝壳撞来撞去就撞碎了，边说还边模仿保育阿姨用篮子来回摇晃贝壳的动作。瑶瑶小朋友也回应道："贝壳撞来撞去，不结实的就会被撞碎了。"哪些贝壳不结实被撞碎了呢？孩子们在晾晒的大篮筐里开始寻找起来。

（二）都是花甲壳

孩子们发现大篮筐里还有很多碎的贝壳，碎贝壳不小心可是会弄破手的，他们决定要将碎的贝壳都挑拣出来，这样才能更放心地玩。挑拣完后，俊宇端起放碎贝壳的塑料盆说："咦，碎掉的贝壳都是一种贝壳。"甜甜凑过来，看了看说："我知道这是花甲壳。"其他的贝壳有没有碎呢？孩子们分头仔细检查了分类摆放好的贝壳，最终发现破碎得最厉害的都是花甲壳，蚌壳则有一些小裂缝，而蚬子壳、扇贝壳、螺蛳壳等都完好无损。

为什么花甲壳容易碎呢？孩子们都有这样的疑问。带着问题，他们开始仔细地观察起这些贝壳来。有孩子发现花甲壳很薄，其他壳都比它厚，其他孩子翻来覆去对比后也都同意了这个观点。那么除了花甲壳是最容易碎的，其他贝壳中，谁又是最结实的、最不容易碎的呢？

（三）猜猜哪种贝壳最硬

1. 你觉得哪种贝壳最硬

甜甜提议道："我们来玩猜猜哪种贝壳最结实的游戏吧！你们觉得怎样？"孩子们觉得很有意思，都同意了甜甜的提议，并参与了游戏。子谦看着几盆贝壳，拿起一个蛤蜊壳说："我觉得是这个（蛤蜊）贝壳最结实，因为我发现它的壳好像比较厚。"

甜甜取出一个扇贝壳，在手里摸了摸，说："我觉得是扇贝壳，因为它摸起来硬邦邦的。"久久拿了个螺蛳壳说："我猜是这个螺蛳壳最厉害、最结实，因为我们家吃过这个螺蛳，它从高处落下来都没有碎掉，掉在地上被我踩一脚还是没有碎掉。"涛涛笑着拿了一个最大的蚌壳说："我猜一定是这个蚌壳最厉害的，你看它是这里面最大的一个贝壳，你看我是班里长得最大的，一定是跟我一样厉害的。"

收集到的各类贝壳

2. 来一场硬度比拼赛

最大的壳是最硬的吗？还是摸上去硬邦邦的壳更硬？孩子们的猜测各不相同。对于最为熟悉的花甲壳、蛤蜊壳、螺蛳壳、扇贝壳、蚌壳这五种贝壳，到底谁才是最硬的？孩子们决定要进行一次硬度大比拼。

孩子们都有做科学实验的经验，他们觉得先猜想、后实验验证这个过程比较正规。先是猜想环节，他们要制作一张硬度大比拼的猜想表，如何制作？孩子们都有自己的想法。

妙妙说："我们应该画个记录表，上面贴好各种贝壳，然后每个小朋友投票。"乔

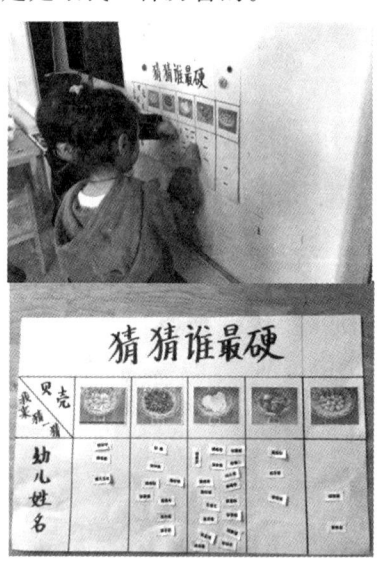

猜测记录

乔想到之前班级里开展的投票活动时用到了贴纸,他提议小朋友可以用贴纸来记录自己的猜想。听了乔乔的想法,有小朋友提出了不同的意见。久久说:"贴贴纸肯定不行,其他小朋友不知道谁猜了哪种贝壳,最后还是不知道有哪些小朋友猜对了呀?"这个问题很关键,如何知道每个人的猜想是什么,又怎样统计出来大家的猜想,孩子们想得越来越周全了。

妙妙小朋友想了一会儿,兴奋地说:"老师那里不是有我们的姓名贴纸吗?我们每个人把自己的名字贴上去那不就很清楚了吗?"甜甜说:"对,就像我们进区玩游戏一样,挂上自己的名字就知道谁在哪里玩了。这个方法好啊。"确定好猜想记录的方法后,小朋友请老师帮忙画好一张大大的记录表,以便于全班所有的小朋友都能把自己的姓名贴到相应的格子里。

3. 统计猜测结果

根据孩子们确定好的参与比拼的贝壳,老师用一张大纸绘制了可供全班幼儿贴名字的大表格,为了让孩子们看清楚表格的内容,还打印了参与比拼的五种贝壳的照片。

表格贴出来后,孩子们迫不及待地根据猜想把自己的姓名贴纸粘贴到对应的贝壳下面。所有孩子都完成猜测后,大家开始统计结果。数数能力强的孩子一下子就发现有 17 名幼儿猜测扇贝壳是最硬的壳,得票最高,螺蛳壳得票位居第二,有 8 名幼儿猜测螺蛳壳最硬,而花甲壳得票最少。

【幼儿的经验与学习】

科学不仅是一种知识,更是一种过程,即获取知识的过程。孩子们非常享受这种过程:观察现象—提出问题—做出假设—收集资料—验证假设—形成结论。因此他们在发现贝壳碎了之后,就开始仔细观察、寻找碎的贝壳有哪些,找出来后他们根据自己的经验提出想法,并要求做一张硬度比拼猜想表,清楚记录每个人的猜测并且统计猜测结果。正是在这样的探究过程中孩子萌发了科学的态度。从孩子们猜测的过程可以发现,他们从盲目的猜测到根据已有经验运用一定的方法来做猜测,有的是用观察的方法来比较贝壳的厚薄,有的利用手摸等触觉感受贝壳厚度来猜测。在猜测中,他们还能迁移经验,将身材大小与力气大小的经验迁移到贝壳大小与硬度之间的联系。他们不仅大胆对贝壳的坚硬度进行猜测,还能对自己的猜测给出一定的解释和理由。为了能清楚地看到每个人的猜测,他们自主思考,并提出贴姓名贴纸制作大表格的想法来解决问题。在统计的过程中，他们能通过数数比较两组以上物体的多少得出结果，并运用第一、第二、最后等词语描述事物的排列顺序。

【教师的思考与支持】

从孩子们自发地帮忙清洗贝壳，到挑拣分类，再到发现问题去猜测探索，这一过程中教师始终给予孩子们自由、自主的空间去寻找答案。正是教师这种正确的科学观，将孩子科学知识的获取和他们的科学探究过程结合起来，才萌发了孩子正确的科学态度。在孩子探究过程中，教师能关注孩子的兴趣点，一步步引发他们自主思考、自我解决问题，遵循孩子们的意见，协助孩子们一起完成猜想记录表。在制作完后，教师鼓励孩子们自己讲解记录表的内容，让全班小朋友都能理解、清楚地知道记录表的意义，并能顺利完成他们的猜测记录，发现最后的猜测结果。

二、如何来证明我们的猜测？

那么到底该用什么样的方法对这些贝壳进行硬度的验证呢？我将问题抛给孩子们，看看他们会有一些什么样的好方法、好建议。

（一）手摔式比拼

1. 讨论出手摔式方法

甜甜用手比划着说："我觉得可以用手抓住贝壳，然后往地上一摔，看看哪个贝壳没有摔碎，就赢了。"我补充道："那么我们应该怎么开展比赛呢？是都由一个人摔还是请5个小朋友同时摔？"乔乔："请5个小朋友一起摔吧。"久久："一个一个摔太慢了，就5个人排好队一起摔吧。"小满："我也同意，可以一起看看到底哪个贝壳被摔碎了。"最后，全班小朋友一致决定由五名幼儿各自拿一种贝壳，同时摔下去，看摔的结果是怎么样的。

手摔式

比拼的方法定下来后，孩子们根据自己的猜想，各自推选了一位小朋友来参与这次比拼。在拿到各自的贝壳后，观看的幼儿还不忘记提醒比拼选手要用很大的力气摔下去。

2. 实验结果

为了公平起见，孩子们提议由老师来发号令。在响亮的一声"开始"后，五名孩子齐刷刷地将自己手中的贝壳用力地往地上一摔。

摔完后，五名孩子找到了自己摔过的贝壳，聚在一起查看结果。久久翻了翻地上的螺蛳壳开心地说："哈哈，我的螺蛳壳完好无损，太棒了！"俊宇有些伤心地说："我的花甲壳碎了

手摔式验证

一半。"甜甜很得意地说："我的扇贝壳也很硬，一点也没有碎掉。"涛涛也很开心："我的蚌壳也没有碎。"这时，眼尖的甜甜手指着涛涛的蚌壳喊了起来："你的蚌壳明明碎了，你看，你边上的一圈都没有了，变得不光滑了。"久久也拿过蚌壳查验后说："涛涛，你的蚌壳就是碎了，不够硬。"涛涛摸了摸脑袋，有点不好意思地说："怪我刚才没有看仔细。"家航说："我的蛤蜊壳也很厉害，没有碎哦。"

经过了涛涛的事件后，几个人都开始认真地查验起家航的蛤蜊壳，最后没有发现蛤蜊壳有碎掉的痕迹。

手摔式实验的结果是螺蛳壳、扇贝壳、蛤蜊壳都完好无损，获得第一轮的胜利。

3. 三种贝壳谁更硬

久久看着这三种完整的贝壳，疑惑地说："三种贝壳都赢了，还没有决出最厉害（坚硬）的贝壳啊？"老师把这个问题抛回给孩子们：有什么好办法能比出这三种贝壳谁最硬？孩子们又开始讨论起来，他们觉得还是要进行一次比赛。

宸宸提出来要换一种方法比赛，大家开始想不同的比赛方法。子谦说："一开始，久久不是说过脚踩到过螺蛳壳吗？那么，我们就可以用这种方法再PK一次啊。"久久说："用脚踩贝壳，看看哪种贝壳没有被踩碎哪种就赢了。"

宇航有些担心地说："但是，一定要用力踩，就是要用尽你全身的力气踩下去。"

孩子们为了公平起见，在挑选试验人的时候，特意选了五个身材差不多的小朋友，他们认为这样大家的力气差不多，才能准确区分每种贝壳的硬度。

（二）脚踩式比拼

1. 脚踩试验

同样是五名小朋友各选一个贝壳，然后用脚用力踩贝壳，看贝壳最后是否被踩碎。踩完后，五名小朋友拿起各自选择的贝壳进行查验。

妙妙惊喜地叫起来："哇哦！我的螺蛳壳一点都没有碎掉呢。"佳妮也跟着说："我的扇贝壳也是没有碎呢。"诚源踩的是蛤蜊壳，他也说："我的也没有碎。"子谦说："啊呀，我的蚌壳太不坚固了，都碎成一片一片的了。"俊豪说："我的花甲壳也是，都被我踩得稀巴烂了！"

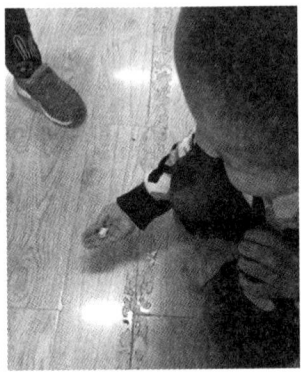

被踩碎的贝壳

2. 还是没有比出最硬的

第二次比拼的结果，胜出的还是螺蛳壳、扇贝壳和蛤蜊壳。

看着和第一次一样的结果，久久不满意地叹了一口气，说道："哎，这三种贝壳都没碎，还是没有决出最厉害的那一个。"我把这个问题继续抛给孩子们，请大家一起想办法，找出螺蛳壳、扇贝壳、蛤蜊壳这三种贝壳谁是最硬的。

小满看了看周围的同伴，想了想说道："我们小朋友的手和脚力气都不够大，我们要让力气大的大人来比赛。"边上的小朋友都说小满说得对，要请老师来踩。我说："除了找大人来帮忙，你们自己还有什么办法能找出最硬的壳？"小满笑着说："我们可以找工具来帮忙，应该找个工具来做实验。"于是，大家开始在班级里找工具，班级里没有找到，就想到去百草园的木工区找。

(三) 锤子击打比拼

1. 寻找工具

中午散步的时候,我们来到了百草园木工区,孩子们开始寻找合适的工具。他们对照着木工区工具箱外的图标,议论了起来,哪些工具可以帮助他们找出最硬的壳呢?孩子们打开工具箱拿起一件件工具试了试。宸宸看了看锯子,又看了看锤子,拿起锤子晃了晃,开心地说:"这个锤子可以用来敲贝壳。"几个孩子轮流握了握锤子的把手,都认同宸宸的想法。于是,大家找了五把小锤子,高高兴兴地带回了班级。

寻找工具

2. 锤击实验

同样是五名小朋友各选一个贝壳,然后用锤子敲击贝壳,看贝壳最后是否被击碎。

明泽:"我的花甲壳碎得一塌糊涂啊。"宸宸:"我的螺蛳壳也碎了一点点。"俊翊:"我的蚌壳那么大都碎了呢!"乔乔:"啊呀,我的蛤蜊壳怎么也全碎了呀?"

小满自豪地说:"哈哈,我的扇贝壳还是好好的,没有碎掉哦,我的扇贝壳赢了呢!"

大家听到小满说的话后,都围过来看,泽泽拿起扇贝壳仔细地查看了一番,又在盆子里找了找,说:"这个扇贝壳可真厉害呀,真的是一点都没有碎掉呢。"

被击碎的贝壳

3. 最硬的壳是扇贝壳

经过三次的比拼，大家找到了最硬的壳，都很开心。孩子们想把这个比拼过程画出来，让更多的小朋友知道他们是怎样找出最硬的壳的。经过孩子们的讨论，大家决定在猜测的记录表上再加上三次比拼的记录。

看着硬度记录表，孩子们又一次展开了讨论。那些在猜测环节中猜中的孩子特别高兴。久久有些沮丧地说："我的螺蛳壳就输了一次，差了一点点。"涛涛更是有些不服气："蚌壳长得那么大，怎么一点也不坚固啊。"宸宸说："蚌壳长得大又不一定是结实的，跟大小是没有关系的。你看，螺蛳壳长得小小的，还比它结实呢。"洋洋也接着说："对啊对啊，蛤蜊壳也是长得小小的，也比蚌壳厉害呢。"老师说："你们说得都很棒，贝壳的坚硬度跟它的大小是没有关系的，并不是长得大的壳都一定是坚硬的、结实的。"

检查获胜的贝壳

PK 记录表

【幼儿的经验与学习】

当提出用什么方法来验证哪种贝壳最硬后，孩子们通过不断地交流来商讨试验的方法。他们想到用手摔，想到用脚踩，用工具敲，这些方法都是孩子生活经验的迁移。用手摔是最直接的、也是经常会用到的方法，所以他们最先想到。在第二次 PK 时，孩子们探究经验更丰富了，他们考虑得更加周到，考虑到了比拼人要挑选身材相当的，他们认为身材相当的人力气也会差不多。当两次比拼结果都相同时，他们没有放弃探究，而是锲而不舍地想得到结果。他们再次思考、讨论，同伴间思维的相互碰撞也帮助他们建构对事物的理解。最后运用工具进行试验，得出结果后，虽然有失落、有遗憾，但是他们懂得了多次试验、不同方法验证的重要性，知道了科学探究不是一蹴而就的，学会了科学的思维方式和基本的探究技能，在亲历的过程中建构了自己的科学知识。上述一系列的试验中孩子们一直在用自己的方式进行描述、记录、交流及讨论，寻找问题的答案。可见，他们的科学学习是丰富生动的、具体形象的。

【教师的思考与支持】

在硬度比拼试验的过程中，教师非常重视孩子的直接经验，并且给他们更多、更丰富的科学经验和体验来促进孩子主动建构科学概念。当孩子们运用自己的方法进行试验时，教师接纳孩子的思考和理解，让他们在具体形象的过程中建构自己对科学的理解，而不是一味地向他们灌输超越其理解范围的抽象的概念。整个过程中教师一直把问题抛给孩子，让孩子们通过自己的生活经验、思考进行验证，把主动权还给孩子。当孩子们在为找不到合适的工具进行试验时，教师提问"那你们知道哪里可以找到你们需要的工具吗"，帮助孩子们回忆自己在幼儿园中存放工具的区域——百草园的木工区，挑选到合适的工具，顺利完成第三次PK，丰富孩子的生活经验，同时引导幼儿掌握科学探究技能（如何实验操作，如何寻找证据，如何论证和推论等），为幼儿发展和运用科学技能创造了有利的情境。

三、碎了的壳有什么用？

进行了这么多次的硬度比拼试验后，教室里堆积了许多碎贝壳。骏宇端着之前挑选出来的那盆碎花甲壳，来到我面前，问道："老师，这些碎掉的壳怎么办？还要吗？"咦？怎么办呢？是扔还是用？于是，我们又有了新的问题。

1. 做拼贴画

妙妙过来看了一眼，说："这些贝壳还是很漂亮的，上面还有花纹呢，扔掉太可惜了。"小满附和道："对啊，这都是我们辛辛苦苦收集来的，不可以扔掉的。"妙妙忽然拍手说道："对了，我们以前用碎掉的鸡蛋壳贴画，可漂亮了，也可以用这些碎掉的贝壳来贴画啊，肯定也很好看。"甜甜说："可是，这些贝壳只是碎掉一点点,可能很难贴上去吧。"久久说:"我们不是拿来了很多的锤子吗?我们就将那些碎掉的贝壳敲得更加碎一点,这样应该就能贴得上去了吧。"

于是,孩子们将碎掉的花甲壳用锤子进行敲击,敲成了一些更小的碎片,在画好的图案里面粘上胶水进行了贝壳贴画,一幅幅漂亮的贝壳贴画就展现在我们的活动室里。

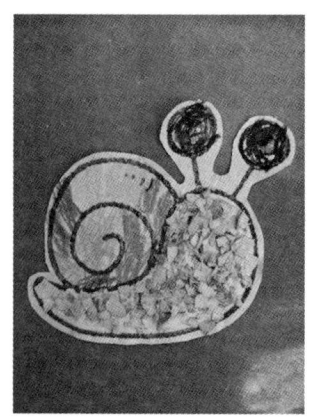

碎贝壳贴画

2. 制作珍珠粉

在装碎贝壳盆子的底部,孩子们发现了一些粉末状的碎屑。妙妙说:"哎呀,这些贝壳粉可以放到我们的理发店,当作化妆品呢。"

小满说:"还可以放到小医院做药用呢。"

甜甜说:"我妈妈说珍珠粉可以美容,我们也来做珍珠粉吧。"

听了甜甜的话,几个孩子开始忙碌起来,他们找来了榔头、石头,还在班级里的资源站找了几个纸盒子,小心地把贝壳放到盒子里,认真地用榔头、石头来敲打,一边敲还一边说要把贝壳敲得很碎很碎,要像珍珠粉一样。他们敲出一些碎屑之后,小心翼翼地把贝壳碎屑装到化妆品的瓶子里。

敲成粉末

3. 给植物加点营养粉

没想到碎贝壳还能有这么多的用处,孩子们开始对这些碎贝壳也感兴趣了。骏宇看到班级自然角的花盆里放着圆圆的陶土,他想了想,对小伙伴说:"我们的碎贝壳能不能放在花盆里,作为花的营养粉呢?"这个主意得到了许多孩子的认同,于是他们把碎贝壳找来,铺在了花盆里,还对着花儿说:"我们给你这么多的营养,你要好好长哦,快快开出漂亮的花儿来。"

碎贝壳当营养土

【幼儿的经验与学习】

孩子们在实践中发现了碎贝壳可以再利用,变成一幅幅漂亮的贝壳贴画,连一些细碎的粉末都可以作为"化妆品""药粉"等游戏材料使用。可见孩子们的生活经验虽然不是很丰富,但想象力是无穷的,任何不起眼的材料在孩子们的眼中都是宝贝。孩子们常常动手动脑探索自己感兴趣的材料,并乐在其中;在探索中通过交流、讨论发现了材料的一物多玩,丰富了自己的游戏内容。同时,孩子们在运用工具操作中,对各类贝壳的特性有了更深的认识,也发现了物与物、物与人之间的关系。

【教师的思考与支持】

面对试验结束后地上留下的碎贝壳,是当垃圾清理干净,还是把这些碎贝壳以及这个事件,当作是一种课程的资源来运用?教师站在孩子的角度去考虑问题,抓住契机,向幼儿提出了"碎贝壳还有什么用"的问题,让他们认识到许多看起来没有用的东西还有再利用的价值,帮助幼儿建立物品多元运用的概念。孩子们的表现也正如老师期待的那样,通过探究、操作,对贝壳的特性有了继续探究的兴趣,还创造性地让碎贝壳得到了很好的利用。

故事解读

《找到最硬的壳》这个课程故事是孩子反复试验进行科学探究的故事,真实地反映了孩子们积极的科学探究态度。在这个故事中我们看到的是孩子们对贝壳硬度的探究过程,对于摔碎的、踩碎的、敲碎的贝壳的后期创造性运用的过程。其实在这个班级中,孩子们对各种贝壳的探究和创造性运用贝壳来表征还做了许多有趣的事情。孩子们在与贝壳的互动中,获得了许多关键经验,就本故事所呈现的探究过程,也能窥一斑而知全豹,处一隅而观全局。故事中教师的一些做法值得我们借鉴。

推动幼儿专心致志地同他人进行合作。故事从几个幼儿发现碎贝壳事件开始,原本只有三四个幼儿对此现象感兴趣,教师及时给这些幼儿分享的机会,将部分幼儿的兴趣点扩展到全班幼儿。正是参与活动人员增多,让大家有了合作的机会,所有人都要进入猜想,大家分组粘贴名字,合作完成数据统计工作，分组进行实验材料、工具的选择，合作完成实验过程，时间同步、动作同步，这些都需要孩子们专心致志地投入活动，需要孩子们有与同伴合作的意愿。

推动幼儿主动地探究感兴趣的对象。支持幼儿对于"最硬的壳"的猜想，协助幼儿进行表格的绘制，成功吸引全班幼儿的兴趣，加入到全员猜想的行列，进而进入"猜想—验证—表征"的故事中来。幼儿能长时间对贝壳材料有着探究兴趣，一方面贝壳这种自然材料本身有其吸引人的地方，另一方面是因为老师教育行为的助推，对于幼儿发现的感同身受，对于贝壳本身的好奇，对于幼儿探究行为的协助，都是一种助推力。如果教师对于孩子感兴趣的事物表现出"不过如此"的平淡，那么幼儿也会慢慢退却探究的热情，也就不会发生这个有趣的探究故事。

推动幼儿进行多种表征和多种联结。在故事中幼儿能运用语言、图表、数字、绘画、制作等多种表征来表达自己的探究和创造。其实在"炒蚬子"整个主题活动中，在教师的引导下，幼儿还有许多诸如喜剧、黏土、手势等表征。鼓励幼儿使用多种表征，有助于幼儿使用多重视角来审视研究的对象，对于每一种表征模式的能力也有所增强，也为那些还不能使用他们习惯的模式很好地自我表达的孩子提供了特殊的机会，例如在统计猜测结果的数据时，有些数概念发展快的幼儿能推动发展慢的幼儿。在幼儿运用多重表征模式时，同时也是在进行多种的联结，例如在运用贝壳进行贴画时，就让贝壳与不同材质的纸张、不同颜色的彩笔、不同的粘贴工具建立了联结。

在《找到最硬的壳》故事中，我们也发现幼儿对于科学的关键经验的获得，也能感受到教师在课程中对幼儿关于科学的态度的培养。基于贝壳这一材料的多样性，建议教师可以长期关注幼儿与其的互动，有意识地在环境中渗透一些问题情境，激发幼儿的深度探究。

（故事记录人：钱方方）

大班

娃娃推小车

故事缘起

"娃娃推小车"是两两合作游戏，一人作小车趴在地上，用手臂力量把上半身支撑起来；另一人当娃娃把趴在地上的人双脚抬起来，一步一步地往前走，趴在地上的人则用双手支撑向前爬去。

游戏分享时，孩子们提出了玩"推小车"游戏中的问题。欢欢撅着嘴说："操场的地面很糙，爬两步我的手就很疼。"辰辰指着杰杰说："杰杰太重了，我抬也抬不动，我走几步就不行了。"曦曦大声嚷道："我和君宝一起玩的时候，总是不成功，推一会儿就不行了。"熙熙得意地说："我和昊昊刚才试了很多次，终于成功了，而且还推了很久。"

推小车

于是，熙熙和昊昊向大家演示了他们是怎样玩"推小车"游戏的，两人推得又稳又快。孩子们看了他们的游戏展示，进行了讨论。

萌萌指了指自己的腰部，说："我知道了，要把小车的脚挂在这里，这样不容易掉。"

君宝看了看曦曦，又看了看自己，煞有介事地说道："我找到一个秘密，我发现他们两个人好像一样高。我和曦曦不成功肯定是因为我们两个人身高不一样，我比她高好多好多呢。"

瑶瑶提出了自己的想法，"可是我和梦涵玩的时候也不行啊，我的手臂撑不起来。"

对于瑶瑶的看法，杰杰回复道："哈哈，肯定是你挑食，不爱吃肉，所以没有力气。"欢欢似懂非懂地说："手臂有力气的可以当小车呀，要像我们平时玩搭建一样要合作的。"

经过孩子们热烈的讨论，他们最后得出了这样的结论：娃娃和小车合作时，两个人的身高、体重要差不多，手臂力量大的可以当小车，此外，还要两人互相配合。

孩子们了解了"娃娃推小车"游戏的窍门后，都觉得自己能玩好这个游戏。还有孩子提议班级里要办一次"娃娃推小车"的比赛活动，这个提议得到了班级里所有孩子的赞同，孩子们的游戏热情空前的高涨。既然孩子们对"推小车"比赛活动感兴趣，教师决定持续跟进幼儿比赛活动。

一、谁才是最合适的游戏伙伴

有了之前的游戏体验和讨论得出的游戏窍门后，孩子们开始寻找适合的比赛合作伙伴。

（一）身高怎么比？

孩子们认为最合适的游戏伙伴第一条件是相同的身高，如何知道自己和同伴的身高是一样的呢？孩子们开始了自己的探索。

1. 面对面比

萱萱找到自己的好朋友萌萌，她们两人开始比身高。只见两个人面对面站着，萌萌用手比划着两个人的头说："我好像比你高。"萱萱也比划了一下："我觉得差不多啊。"两个人又比划了一会儿才决定两人为一组。

2. 背对背比

面对面比

这头，瑶瑶拉着乐乐也面对面地比划着，比了一会儿也没有得出谁高。乐乐想了一会说："我们背靠着背比比看。"于是两人都转过身，背靠背站好后，瑶瑶发现看不到对方了。乐乐看到田田走过，喊住他道："田田，你看一下我们俩的身高一样吗？"田田围着他俩转了一圈，又把手心放在他俩头上比了比，说："差不多。"瑶瑶比了个"耶"，说："那我们两个可以一组了。"

看到孩子们自己会面对面、背靠背地比身高，老师继续引导，提出了"除了两个人靠着比，还有什么其他的方式吗？"

3. 借助门框画线比

听到老师的提问，立马有孩子喊起来："我有不一样的方法。"

梦涵说："我和欢欢有不一样的。"

只见，梦涵贴着门直直地站立着，欢欢用一支笔横放在梦涵的头上，并用笔尖在门上画出一个记号，然后两人交换位置，梦涵用同样的方式帮助欢欢做记号。之后，两个人根据做的记号进行身高的比较。

背对背比

萌萌说："哇，她们的办法也很好呀。"老师肯定地说这个办法更加准确。

4. 用绳子量

听到老师的表扬，其他孩子也不示弱，纷纷向老师展示自己的比身高的方法。

悦悦提出："我们也有不同的方式，我们用绳子比。看我们的。"

悦悦拿着绳子的一头让敏敏踩在脚下，手拉着绳子顺着敏敏的身高往上拉，拉至头顶时，悦悦用手指捏住与头顶对齐的绳子处，用红色的记号笔做好标记。之后，换敏敏帮悦悦用相同的方式测量身高，最后按绳子上的标记进行比对。

画条线做标记

悦悦疑惑地问："哪个标记是我的呀？"

敏敏指着其中一个标记道："好像是这个吧。"

悦悦看了一眼说："不对吧，好像是这个。"

绳子量一量

老师看到了,对她们说:"你们做了一样的标记,当然分不清啦。"

经过提醒,悦悦马上说:"我知道了,可以用两个不一样颜色的笔来做标记。"

两人又重新测量了一遍,这次两人用不一样颜色的笔来做标记,再进行比较。

(二)力气怎么比?

除了身高要进行比较外,还要比一比谁的力气大。

1. 看谁能搬动重的东西

辰辰嘟囔着问:"力气怎么比呢?"

老师笑了笑,说:"什么时候我们会说别人力气大?"

涛涛想了会儿说:"我知道。别人搬了很重的东西时我们会说,看,这个人力气好大。哈哈,我们可以试试,看谁搬得动重的东西谁力气就大。"

辰辰环顾了周围,问道:"哪儿有重的东西呢?"

涛涛看了眼桌子说:"谁能把桌子抬起来谁力气就大。"说完,两人都去抬桌子。但是他们发现,这个桌子两人都能抬起来,还是不能比出谁的力气更大。

搬桌子

涛涛叹了口气,道:"这样我们还是不知道谁的力气大,不能这样比。"

2. 手对手推,看谁的脚先动

老师提醒道:"可以试试用'推大牛'游戏来比力气。"

涛涛眼睛一亮,拍了拍脑门:"哈,我知道了,辰辰你把手伸出来。"辰辰伸出了一只手。

涛涛又补充道:"要像我这样,两只手都伸出来,我们手心对手心,然后用力推,

推大牛

看谁的脚先动了谁就输。"

说完,两人手对手,憋着劲用力地互相推挤,涛涛的脚先动了。辰辰高兴地说:"看,你的脚先动了。我的力气比你大。"

3. 掰手腕

看到他俩的比力气方法后,其他孩子也纷纷出主意。浩然提出了他的想法:"我有一个比力气的办法,就是坐在座位上,大家伸出一只手,然后握紧了,看谁的手先碰到桌子谁就输。"说完他便和新豪为我们演示了一遍,旁边的轩轩和倩倩也忍不住尝试起来。

老师笑了,说:"这叫掰手腕。"

浩然听了,马上道:"对对对,我看爸爸和叔叔玩过。"

"嗯,这也是一个比力气的办法。"

掰手腕

【幼儿的经验与学习】

孩子们为了寻找最合适的游戏伙伴,运用了不同的比较方法。在进行身高比较时,孩子们能直接比对,能借助事物间接比对,还能用到此前所习得的测量方法比较;在进行力气比较时,孩子们也能迁移生活中的经验,用到搬重物、互推、掰手腕等方式。这一系列的经验增长,是幼儿主动探究得来的,大大满足了孩子探究的兴趣和欲望。

【教师的思考与支持】

面对幼儿提出的想法,教师懂得尊重和支持幼儿,鼓励幼儿自由寻找游戏伙伴,充分相信孩子的交往能力及解决问题的能力。当幼儿关注到力气的比较时,教师用"什么时候我们会说别人力气大"的提问,引导幼儿迁移生活中的经验,回忆和力气相关的事,从而帮助幼儿更进一步探究力气的大小。科学探究的技能是幼儿科学教育的重要方面,在幼儿对身高进行比较时,教师给予了方法上的指导,鼓励幼儿用不同方式进行比较,帮助幼儿获得新经验、探究新方法。

二、比赛要做哪些准备

(一) 确定比赛时间

1. 什么时候比赛？

一早，萌萌激动地问："老师啊，我们什么时候进行娃娃推小车的比赛啊？"

于是，在谈话时间里，大家展开了对"什么时候适合进行娃娃推小车比赛"的讨论。轩轩提出想明天就比赛，但遭到了梦涵的反对，原因是她还没做好准备。旁边的一寒想到自己要去看牙齿，于是也提出了自己的想法，说："我也想参加，但是妈妈说星期三要带我去看牙齿。"经过大家的协商，孩子们一致同意星期四适合进行比赛。萌萌做了个夸张的表情道："我都等不及要比赛了呢。"

2. 做一本比赛计划书

游戏时，欢欢提出要做一本比赛计划书。倩倩拿来了纸和笔，先画了两个小朋友推小车的图画，接着向老师询问今天是几号，经过推算，得知星期四便是 4 月 19 日。她换了张纸，画了一个太阳，太阳下面写了"4 月 19 日"。由于有做过春游计划书的经验，比赛计划书很快就完成了。不一会儿，倩倩便拿着她的计划书向我介绍，推小车的图画是比赛项目，4 月 19 日是具体日期，翻到第三页，上面画了一个 3 点的时钟，倩倩笑嘻嘻地补充道："这是我们制订的比赛时间。睡好觉我们的力气会更大。"

一旁的欢欢也向大家介绍了她的比赛计划书，有"跑道"——比赛的场地，有"小朋友"——参加比赛的人物。大家听完后觉得将两个人的计划书

比赛计划书

合在一起更完美。

【幼儿的经验与学习】

当一个幼儿提出比赛时间时,其他幼儿根据自身的情况纷纷提出不同的想法,并能够在讨论中协商,制订合理的比赛时间。孩子们能将"春游计划书"的经验迁移到制订"比赛计划书",并以绘画的形式将时间、地点、人物、事件等主要内容呈现在计划书中。可以看出,孩子做事情时有了一定的计划性,行动力更强了。

【教师的思考与支持】

在一个幼儿提出今天就比赛时,教师建议征求大家的意见,在轻松的谈话氛围中,引导幼儿结合自身情况说出自己的需求和想法,通过集体协商的方式来制订合理的比赛时间。当幼儿体会到有计划的活动能给他们带来更多的感受和发现时,他们对制订计划表现出很高的热情。教师给予支持,引导幼儿完善比赛计划书,使其更具完整性。

(二)制订比赛规则

1. 没有规则怎么比赛

看完孩子们制作的计划书,老师提出计划书还缺了比赛规则。于是,大家一起对比赛规则进行了讨论。

阿修第一个提出自己的想法:"可以比谁的小车开的时间长,坚持得最久,力气最大的就胜利了。"

小雨听了摇摇头:"不行不行,这样不公平,有的小朋友力气大,有的小朋友力气小。"其他孩子也纷纷反对。

这时,梓熙提出了他的看法:"可以比哪对小车跑得快。先设置好一样长短的距离,谁先到终点谁就胜利。像我们比赛谁跑得快一样。"

其他孩子表示梓熙的建议更适合,也最公平。还在考虑计划书的倩倩说:"我等下把规则画在后面,这样计划书就完整啦。"

2. 怎么分组

规则制定好后,又遇到了问题,班级人数较多,该怎么合理地分配?孩子们思索一番后又进行了讨论。

算数最好的涛涛根据班级的总人数算出有 16 对小朋友要进行比赛,于是他提出:"我们可以分组进行比赛。"

欢欢认为可以男孩子和男孩子比,女孩子和女孩子比。针对欢欢的看法,老师提出:"可是我们有男孩和女孩组合的,既有男孩又有女孩,该怎么算呢?"

熙熙想了想说:"可以分三组比,都是男孩一组,都是女孩子一组,还有一组是男孩女孩的。"

老师点点头说:"倒是也可以。"

这时,涛涛腾地一下站起来激动地说:"我有一个好主意,我们可以分两组,我刚才算过了,16可以分成8和8,正好每组有8对。"这个建议也得到了大家的赞成。

老师接着说:"目前,我们有两个办法,第一个办法是分男女生,比3轮;第二个办法是不管男女生,就只分2轮,每一轮8对。你们想用哪个办法来比赛呢?"这样又产生了争议,有的说要分男生女生比,也有的认为分两组比更简单。

最后梓熙提出用投票的方式来决定。得到一致同意后,孩子们纷纷进行了投票,并根据投票结果确定了比赛方案,采用分两组比的方法来进行。

计划分组

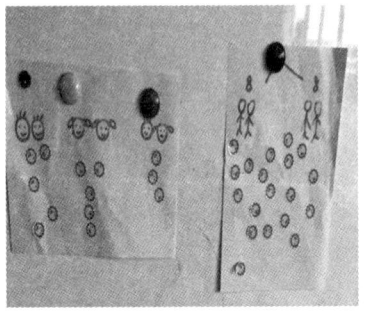
投票结果

3. 谁先比

分组的问题解决后,轩轩提出了谁先比的问题。针对这一问题,新豪给出解决的办法:"可以石头、剪刀、布,就像我们平常玩游戏一样。每对派出一个人猜拳,赢的一组,输的也一组。"并且补充说明:"只能比一次。"这个办法得到大家的一致认同,猜拳游戏开始了。

鑫鑫大声地喊道:"新豪,我跟你猜。"

新豪得意地说:"我已经猜过了,我赢了。"

老师提醒大家道:"对的,比过了就不能再比,不然没法比出来。"

"石头、剪刀、布,哈哈,我赢了。"

"哎,我输了。"

……

"石头、剪刀、布"

一场激烈的"石头、剪刀、布"猜拳渐渐趋于平静,孩子们回到座位上,由于比过了不能再比,所以根据输赢很快就分出了第一轮和第二轮,赢的为第一轮,输的为第二轮。

4. 制作号码牌

分好组后,欢欢提出她看过姐姐在小学里参加比赛时脖子上会挂一个有数字的牌子,梓熙告诉她那是比赛用的号码牌,并认为我们的"推小车"比赛也可以制作号码牌来进行。于是,老师提出了问题:"号码牌上写什么?"

欢欢第一个说:"是数字。"

梓熙附和道:"对,就是数字。"

老师又问:"写什么数字呢?"

大家七嘴八舌地说着自己的想法,有的说写 1,有的说写 5,还有的说写 6……

老师解释道:"我们每一轮有 8 对,号码牌可以帮助我们区分自己是第几对。"

听了老师的解释,天昊明白了,他说:"应该写数字 1、2、3、4、5、6、7、8。"

于是,孩子们按照猜拳结果的次序排队,确定了自己的号码数。

老师又提醒道:"号码牌可以区分第几对,那能不能区分第一组和第二组呢?"

梓熙听了说:"第一组可以用红色号码牌,第二组可以用绿色号码牌。"

老师点点头,赞同地说:"是的,不同颜色可以区分。"

这时，欢欢灵机一动："也可以是不同的形状。"老师跷起大拇指，说："欢欢的想法也可以。我们美工区里有现成的红色、绿色纸，做起来会更方便。"

梓熙率先从美工区拿出了红、绿两种颜色的纸片，还拿出来圆形的压花机，吩咐萌萌一起帮忙制作。最后把制作的纸片分发给每个小朋友，要求大家写上自己的号码数，并用双面胶贴在自己的衣服上。

制作号码牌

号码牌上写数字

【幼儿的经验与学习】

孩子们一步一步从最初的分组到制作号码牌，在制订比赛规则的过程中，他们不断地主动学习，主动探索。如何能做到公平？在与同伴意见不一致时，他们学会用投票的方式来达成共识，这是合作能力提升的表现。在探讨比赛先后顺序时，他们能将平时在游戏中选择谁先谁后的"石头、剪刀、布"的方法迁移至此来解决问题。一次一次细化规则的同时，也是孩子们协商能力、语言表达能力、交往能力的不断提高。在制作号码牌时，知道了号码牌的作用并获得了多种不同的标识方法，也使比赛规则更具真实性和有效性。

【教师的思考与支持】

规则意识是游戏比赛的重要部分，幼儿主动提出规则的制订，教师非常珍惜，并及时给予重要的支持，帮助幼儿一步一步地将规则进行细化，变成可行性的规则，从而帮助幼儿获得更加全面的经验。对于大班的孩子来说，有些游戏的规则、活动的常规，不妨让他们自己来商量、确定，要知道他们也是很有主见的。而且，由他们自己确立的制度更容易被采纳和遵守，因为他们觉得自己是被重视的。

（三）选择比赛场地

1. 地面太糙，手会疼

当倩倩将设计的计划书与其他幼儿分享后，有幼儿对场地的选择提出质疑。

雨辰认为操场的跑道地面太糙，玩一会儿手就会疼。敏敏认为可以在地上铺个垫子来解决这个问题。但是也有幼儿提出自选区的垫子数量是不够的，还需要班级里的垫子。

2. 场地太小也不行

考虑到跑道的地面太粗糙，萱萱

分享计划书

提议到做操的走廊里，那里地面是光的，手不会疼。

这提议遭到了悦悦的反对："下雨天做操的时候老是挤到，我们需要一个大场地。"

老师附和说："室内比较小，我们比赛的时候会发出很大的声音，会打扰到边上的班级的。"

熙熙听了说："我们还是到大操场上吧。"

孩子们点数了教室的垫子数量后发现还是不够，于是老师提出怎么样可以有更多的垫子，孩子们认为可以向其他班级去借，因为上次也有其他班的小朋友到我们班借垫子。

【幼儿的经验与学习】

孩子们能从粗糙和光滑的不同性质上来选择比赛场地，可见他们具有比较、分析的能力，知道并能用语言描述两者的特征。当发现本班教室的垫子不能够满足此次游戏时，孩子们能根据以往的生活经验，提出向其他班级求助的想法，说明他们的社会性正在向更高水平发展。

【教师的思考与支持】

在幼儿纠结于场地粗糙和场地小的困难时，教师提出"怎么样可以有更多的垫子"，从而启发幼儿联系生活实际，向其他班级求助。

三、来一场比赛

（一）比赛前一秒

1. 赛前猜想

孩子们都找到了合适的伙伴，他们两两站成一排时，不难发现矮小的和矮小的一对，高大的和高大的一对。还未比赛，雨辰便笑嘻嘻地对曦曦说："曦曦，你们肯定要输了。"曦曦不解地问："为什么啊？"雨辰捂着嘴偷笑说："你看，你们俩这么小，田倩和轩轩比你们大好多呢，肯定是他们力气大，跑得快。"

赛前猜想

天天则认为琦琦这组可能会胜利，原因是他们看上去比田倩高，也比他们瘦。

涛涛坚定地说："我猜是我和昊昊自己赢。我们这几天可一直都在努力练习呢。"

熙熙拍了拍胸脯说道："肯定是我们赢，我们的动作最准确。"

"是我们。""是我们。"……看得出大家对自己都抱有胜利的信心，很是自信。

2. 场地布置

孩子们带着借到的垫子来到大操场上。正值下午时间，太阳耀眼地照着大操场，场上没有一块阴凉的地方，于是孩子们又提议改成到东面的小操场比赛。当所有的垫子堆叠在一起后，萌萌发出了感叹："哇，这么多垫子怎么分？比赛的距离要多长呢？"

涛涛数了数说："有60块垫子。"

梓熙不同意："不对不对，你数错了，我们数出来有64块垫子。"涛涛再数了一遍，确实是64块垫子。

数垫子

"有64块垫子"

由于之前在教室里已经分好第一轮上场的8对和第二轮上场的8对,孩子们根据号码顺序站好了位置。这时候,老师建议大家:"数字一样的为一组,每组先拿4块,等铺好后,再来拿4块。每组8块垫子,铺成的垫子有多长,距离就多长,可以吗?"

孩子们都说好,便开始动手分垫子、铺垫子,不一会就完成了。

这时,轩轩跑来告诉老师:"老师,我发现了一个问题,我们有8小组,每一组都有8块垫子,刚好把64块垫子都分完了。"

老师做出惊叹的表情说道:"哇,你太厉害了,这个秘密都被你发现了。"

铺垫子

【幼儿的经验与学习】

赛前猜想时,孩子们从直观的观察中推测谁会赢。他们的推测也是有依据的,有的幼儿是根据身高的不同,认为高大的幼儿比矮小的幼儿更强;有的幼儿是根据胖瘦来推测,认为瘦的比胖的更灵活。可见大班幼儿具有一定的对于事物和现象之间的联系的认知。在场地的布置时,孩子们能一一数出垫子的数量,并发现64块垫子正好可以分成8组且每组有8块,幼儿获得了新的知识经验,提高了空间思维能力。孩子们在进行场地的布置时,能合作、有序地铺垫子，说明他们具有一定的合作能力。

【教师的思考与支持】

在铺垫子的过程中引导幼儿感知数量的守恒与等分，是教师在此前活动中所预设的一点，且通过实际操作，亲身感知，在多样化的经验和体验基础上帮助幼儿对数学知识进行理解。活动中引导幼儿进行小组合作铺垫子，既能让每个幼儿都有事可做，也能让幼儿在相互的帮助、合作中提高合作意识。

（二）比赛进行时

1. 比赛啦

比赛开始了，各就各位后，哨子一响，"娃娃"推着"小车"就向前走，没有轮到的孩子大声地喊着："加油！加油！"在呐喊声中，第一轮比赛结束了，第一对到达终点的是亦昕和涛涛；第二轮比赛时，有两对同时最快到达，分别是梓熙和萌萌、浩然和新豪。

推小车比赛

两轮比赛结束后，由于无法区分到底哪一对胜出，于是，孩子们提议让胜出的三对再比一次。休息两分钟后，初赛中赢了的三对进行了决赛，在激烈的比赛中最后胜出的是新豪和浩然这一对。

2. 庆祝胜利

回到教室后，我们按照自己班级特有的庆祝方式为此次比赛中胜利的幼儿庆祝。

老师宣布："我们常说友谊第一，比赛第二，在今天的比赛中胜出的是新豪和浩然，我们一起为他们鼓掌，放个'鞭炮'吧。"

孩子们一起敲打着"嘭嘭啪"的节奏为胜利的小朋友鼓掌庆祝。

老师提议让胜利的新豪和浩然上来说几句话，但是羞涩的新豪和浩然表示不知道要说什么。老师

赛后庆祝

提醒说:"推小车是两个人合作玩的,两人配合好才会胜出,对吧?"梓熙附和说:"可以说些感谢的话。"新豪想了想,轻轻地说道:"那我想和浩然抱一抱。"

于是,胜利的两个人以拥抱的方式来庆祝,教师拍照记录了下来。

【幼儿的经验与学习】

比赛时孩子们都能遵守共同制订的游戏规则进行比赛,没有一个幼儿是投机取巧的。可见本班幼儿能理解规则的意义,遵守并执行规则,具有一定的社会认知。当比赛结束后,孩子们以班级特有的庆祝方式为胜利的幼儿庆祝。孩子们知道比赛是有胜负的,但是胜负不是比赛的最终目的,在比赛中同伴的相互帮助、相互合作比胜负更有意义。

【教师的思考与支持】

比赛不仅能调动幼儿的积极性和投入度,也让孩子们明白竞争是手段而不是目的,有时胜利往往是团队的智慧和功劳,有竞争意识,也要有合作意识,才能让自己成长得更好。

故事解读

《娃娃推小车》讲述了大班幼儿玩民间游戏"娃娃推小车"的故事。这个故事是教师追随幼儿的兴趣,支持幼儿自发的竞赛活动而记录下来的一个充满活力、饱含情谊的故事。演绎这个故事的孩子是自信的,充分证明了"儿童积极参与安排自己的成长"的观点,儿童是充满创造力的生物,创造力又推动他们积极发展自我。他们在民间游戏"娃娃推小车"的传统文化滋养下,精神是富裕的。他们是幸福的,在寻找最适合的合作伙伴中,他们收获了各种探究的乐趣,收获了满满的情谊;他们是聪慧的,在"幼—幼""师—幼"互动中,互相启发智慧,创新的火花在头脑中闪亮。

从玩游戏到策划一场比赛,由孩子主动发起,自发组织,这是对孩子的考验,更是对教师教育智慧的挑战。如何在这样的活动中,既起到引导帮助支持的作用,又要把活动的主动权交到孩子的手里,这是一个难题,故事中的孙老师,将自己的支持化解于无形,做到"润物细无声"。如在寻找伙伴的活动中，老师看着孩子们互相比高矮比胖瘦，看着孩子们兴致勃勃地用自己的方式来做标准，做一个耐心的观察者，信任的欣赏者。在孩子们遇到困难时，孙老师用一两句话，引导幼儿自己去想办法解决问题，给予孩子更多的空间去实现他们自己的想法。在活动后期，孙老师还引导幼儿正确看待竞赛的结果，更多地关注竞赛前的准备和比赛中的体验以及竞赛结束后的记录等。孙老师帮助幼儿记录、梳理自己的感受，分享活动中的收获，让这样一次竞赛活动在孩子的生命历程中留下深刻的印记，激励孩子今后勇敢地面对挑战，正确地面对输赢。

课程故事的记录过程让教师能及时分析和梳理活动，反思教育行为，从而更新教育观念，树立正确的教育观。在《娃娃推小车》故事中，教师正是通过这样的观察、记录、分析和分享，反思自己的教育行为，对于如何基于儿童立场的生成班级课程，有了自己的思路和实践方向，对于幼儿园所开展的民间游戏课程的开发，提供了方法，即从一项幼儿感兴趣的民间游戏入手，引导幼儿深入游戏，发现问题，如怎样推小车推得更快、更省力，进而运用已有经验甚至是学习他人的经验、集体的经验等去解决问题。在解决问题的过程中探究游戏、创新玩法，并引导幼儿记录解决问题的过程，分享问题解决的方法，从而形成一种综合的生成性课程。

（故事记录人：孙伟青）

小车推上大马路

故事缘起

下雨天,长廊内,孩子们在玩"娃娃推小车"的游戏。

孩子们自主结对,双胞胎弟弟拉着哥哥说:"哥哥,我来推你,我们和美美他们比赛,看谁的小车快。"四个小朋友在长廊内两个爬两个推,你追我赶;边上的恺乐推着悦悦沿着长廊里的圆圈打转;张毅和梓诚两个小胖子玩得气喘吁吁。

玩累了,孩子们坐在墙边的台阶上休息,大家七嘴八舌地讨论起"车子"的话题来。

双胞胎在玩推小车游戏

一、为什么要建马路

(一) 省力气的汽车

1. 我们家里的车子

孩子从玩"娃娃推小车"的游戏想到什么样的车子更方便,更加让人省力。他们讨论起了家里面的车子。

"我太公有辆推车。""推车,什么样的推车?""就和我们玩的推小车一样,是握着两个柄推着走的。""是不是把我们的两只手变成两个轮子,两条腿就是两个手柄?""是的,我们玩的游戏不就是一个人推,一个人当车子的吗?不过我太公的车子推起来不这样累。""那为什么我们玩推小车的游戏会这样吃力？"琪琪想到了家里太公的手推车，兴致勃勃地和洋洋探讨着手推车与"推小车"游戏之间的联系。两个人你一句我一句地说着，突然就发现了新问题。

新问题的出现，让两个小朋友兴奋起来，同时也提高了说话的分贝。他们的讨论声瞬间吸引了边上的其他小朋友。"我知道，因为我们扮演的小车没有轮子，用手来走路当然是很吃

孩子们在讨论"车子"的话题

力的。"晨燕边说边用双手比画着轮子的样子。"我也知道，我爸爸说过，让轮子滚动向前就可以省力气。""就是这样的，我奶奶有辆三轮车，不是推的，是可以骑的，奶奶也说骑的车子比推的车子更好。""我们家的汽车有四个轮子，开得快，又不吃力。"说起了轮子，孩子们立刻都想到了自己家中不同的车子。经过几轮激烈的讨论，小朋友都说汽车好，人来推的车子最累，用机器就又快又好。

2. 一起玩玩具车

晨间锻炼结束后，孩子们回到班级看到小商店里有一辆玩具汽车。"原来我们班级里也有汽车，我家里有许多这样的小汽车。"洋洋拿起商店里的小汽车说道。"汽车真的很方便，我们小朋友没有大汽车，我们可以玩小汽车。"浩浩走到洋洋身边，若有所思地说着。听到他们的话，有几个孩子凑过来了，他们也都说家里有玩具汽车，明天要带玩具汽车来给好朋友玩。

"玩具车我家可多了，我明天带几辆来给你们看看。""我家也有，我的是一套的，什么车都有。""我有辆和我爸爸的车一样的模型车，我也要拿来。"孩子们一听到有人说要带车来幼儿园，你一句我一句，你也要带我也要带，根本停不下来。持续了将近一

孩子们带来的小汽车玩具

个星期,每天都有孩子带着各种各样的玩具车来教室,教室门口的柜子上放满了各种各样的汽车。孩子们一有空就会聚集到这个柜子边,相互介绍自己的小汽车,讨论着有关汽车的话题。

(二)汽车是在马路上跑的

在区域游戏时,小毅对一起玩汽车的小伙伴们说:"这里的汽车太多了,我们应该给汽车一个停放的地方。"洋洋听了小毅的话,有些不同意,他说:"我们的玩具汽车是要来玩的,不是停着看看的。""那也可以有不一样的玩法,可以比比谁跑得快!"小毅拿着一辆小车在桌面上快速推动,小车差点掉下桌子。"你看,汽车不能随便这样开吧,真的汽车都是在马路上开的,那样才安全,车子之间不容易撞到一起。"洋洋说着。

"我们在教室里建一条马路吧,这样汽车就可以在马路上跑起来了。"说完,小毅、洋洋还有其他三个小伙伴来到了建构区,他们准备为汽车建一条大马路。

小毅拿了一些长方形的积木,将积木竖着一块接着一块拼在一起,拼到第五块的时候,他将积木换了个方向,使两块积木形成了一个拐角,接着将积木横着放了三块然后又开始竖着放。搭了一会儿,他发现长方形木块没有了,于是他拿起两根长条形积木,他将两个长条形积木并拢连接在长方形木块后面。不一会,长条形积木也用完了,他又将两个三角形拼在一起形成了一个小正方形,一块接着一块,一条长长的马路建成了。

孩子们初次搭建的马路

(三)消防车开不过我们建的马路

建构区里的第一条马路建好了,几个孩子拿着汽车在马路上玩。

"这条马路太小了,我的消防车都开不过去,轮子都不在马路上。"浩浩边开着车边说。

"这条马路一点也不平,高高低低的,而且有的地方都断开了。"梓诚补充道。刚刚大家搭建马路的热情很快被打散了,几个小朋友都到其他区域去玩了，只有小毅和洋洋还在建构区修马路。他们向老师请教："老师，马路应该是怎么样的呢？我们要怎么搭，这些汽车才能在路上开呢？"

消防车的轮子被卡住了

【幼儿的经验与学习】

与小汽车玩具互动的过程中，孩子们想到要为汽车建造行驶的马路，他们在初次搭建马路的过程中，运用了排列组合的搭建方法。在平铺延长的过程中，孩子们能单维度地将积木一块接一块水平延长，也能将三角形积木进行组合拼搭，形成一个新的形状；在搭建操作过程中，能及时发现问题，思考解决方案，并及时向教师请教。可以看出孩子们的搭建活动，不仅仅是简单的操作，还有一定的探究行为，这都为之后的搭建活动打下了良好的基础。

【教师的思考与支持】

对于幼儿的搭建想法，教师给予尊重和支持，鼓励幼儿开展创意搭建活动，充分相信孩子的初步搭建能力及解决问题的能力。当幼儿面对"马路应该是怎样"的困惑时，教师没有给出具体的答案，而是带领幼儿进行实地勘察比较，从而帮助幼儿更进一步探究不同马路的搭建方法。教师支持幼儿进行动手操作活动，让幼儿与操作材料充分互动，既可增强幼儿的独立性，培养合作意识，也可增强幼儿的自信心，促进幼儿创造想象力的发展。

二、马路要建成什么样

（一）汽车开的马路是什么样的

马路到底应该怎么建呢，它的形式又是怎样的？我决定利用散步时间让孩子们去幼儿园里和大门口观察马路。

一下楼，宇轩就跑到大操场的边缘说："这条路很直，是我们滚铁环的地方。""这也是一条马路，上次消防员叔叔来幼儿园，消防车就是在这条路上开的。消防员叔叔说这条路就是专门给消防车开的，他还说这叫消防专用道。"小毅信心满满地复述着自己在消防演习时听到的消防员叔叔说的话。"我们建构区就要建这样的马路,又宽又直,这样我们的玩具消防车也能开了。"听到小毅的描述,轩轩提议说。

"也不能都是这样的,外面的马路也有弯弯的。"晨晨说着自己的想法。

灵灵来到水池边,兴奋地说:"我发现了一条弯弯曲曲的路。"

孩子们你一句我一句,有的还做着夸张的手势。散步来到幼儿园的大门口,看到门口马路上画的网格线,边上还有人行横道,孩子们七嘴八舌地说着自己的发现。

孩子们观察幼儿园周边的马路

(二)我设计的马路

孩子们实地观察了各种各样的路,每个人都有自己的喜好,有的孩子喜欢又直又宽的大马路,也有的孩子喜欢弯来弯去的路,还有的孩子喜欢绕圈圈的路。于是一场"我来设计马路"的活动自然生成。为了完成这一项独特的设计,孩子们还回家去和爸爸妈妈讨论,有的孩子父母还和孩子一起在网上查找各种道路的图片和视频,极大地丰富了幼儿经验,开阔了视野。

"我设计的是建在水面上的马路,它有两条车道。马路下面是两根很粗的柱子,这两边是路灯,这个黄色的是限高标志。""我设计的马路中间有一个圆形,然后围着这个圆有很多条马路,这样就不会堵车了。""我设计的马路从这里出发,转着圈圈上去的,越往上越高,像过山车一样。"孩子们纷纷拿着自己的设计图向其他小朋友们介绍着。

孩子们完成的设计图各有特色,

孩子们设计的马路

有宽阔笔直的，也有蜿蜒曲折的；有向上盘旋的，也有向四周发散的；有整齐平坦的，也有高高架起的。一条条马路在孩子们的笔下变得灵动起来。

有了设计图，自然而然孩子们开始在建构区忙碌起来。有了前期的搭建经验，孩子们开始讨论如何轮流来完成他们的设计图。他们自由分组，拿着选出的几份设计稿，开始了各自的马路工程建设。

【幼儿的经验与学习】

通过走出教室对马路进行实地观察，孩子们发现马路在不同的区域内有不同的功能，而不同功能的马路还有可能是由不同材料建成的；他们还发现马路不仅有直的，还有弯弯曲曲的，马路上还画上了斑马线、停车位、禁止驶入等标志线条。回到教室后，孩子们开始在纸上设计属于自己的马路，他们有画高架路的，有画圆形马路的，还有画自己创意想象出来的路。孩子们的一系列发现，说明他们对感兴趣的事物能仔细观察，发现其明显特征，并能在观察后用绘画的形式进行记录。

【教师的思考与支持】

教师带领幼儿走出教室，以直接感知的方式帮助幼儿了解马路的基本特征，支持幼儿进行深入探究活动。鼓励幼儿进行自主创意绘画，以保留和积累有趣的探究与发现。在幼儿绘画的过程中，教师提供幼儿自由表现的机会，鼓励幼儿运用不同艺术形式表达自己的情感、理解和想象，尊重幼儿的想法和创造，肯定和接纳他们独特的表现方式，分享他们创造的快乐。

（三）不一样的马路

1. 花朵形的马路

雨涵拿着自己设计的发散状马路图开始了搭建，她用两个半圆对接围合成一个大圆，在圆的四周拼接了一些长方形，或许她觉得马路还不够长，又在长方形的后面拼接了几个短的长方形，直至碰到了墙面。

边上的硕硕拿了几块枪形的积木转来转去地拼接了一会儿，试了几次

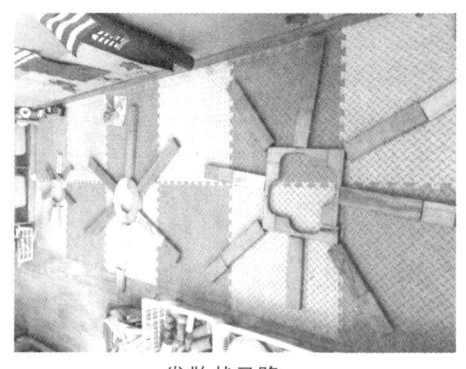

发散状马路

都没有围合成他想要的形状,正在他打算放弃的时候,恺乐提醒他多拿几个这样的积木。增加积木之后,硕硕把枪形的积木围合成了花朵的形状,他开心地欢呼起来:"快来看,我的积木变成花朵了。"

心美、心朗在最边上,他们拿了一些小三角形。心美将三角形角对角连接起来,心朗说:"美美,长方形没有了,我拿了这个条条。""好的,可以拼起来用,你拿过来吧。"心美回答。

2. 弯来弯去的马路

恺乐一眼就看中了家恒的设计图,他先是抱了一大堆的长方形积木放在一边,然后将一块一块积木拼接在一起。他拼两块,再看一下设计图样,一会儿将积木横向放置,一会儿竖向,兜兜转转完成了作品。认真细致的他,完成之后还不忘把每一块积木都对得整整齐齐。

3. 高架桥马路

恺乐设计的高架路看似简单,却处处充满了细节,分开的车道,两边的路灯,还有限高限重的标志。

弯来弯去的马路

小毅信心满满地开始了搭建,他没有选用其他小朋友常用的圆柱形进行架空,而是拿了一块较短的长方形。他将两块长方形积木竖向并列放在一起,再在上面架上长方形积木。路面搭建完成之后,他在墩柱的边上平铺放了两块长方形积木,我问他,这个积木放在这有什么作用?他说:"我要在这里装路灯,这样路灯就不会倒了。"说着他在平铺的长方形上架起了四根长条形积木,并在长条形的上面又放了一个小的圆柱形。

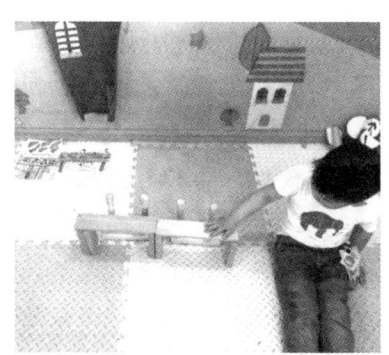
高架桥马路

4. 环形马路

洋洋的设计图是最有难度的一张,蜿蜒曲折。徽徽和宇轩拿着设计图,两个人先是围着设计图讨论了一翻。

"你看,他这里有几个圆形,我觉得圆形可以用两个半圆形拼起来。"宇轩指着图纸说。"可以啊，还有这里连着好几个圆形，我们就搭一个吧，小的那些就不要了。"徽徽说。"嗯，也不是要和他一模一样的，那我们试试吧，先去拿积木。"宇轩说着开始挑选积木。

他们一开始先零散地围了几个圆，接着在圆形外圈连接长方形，最后将各个积木连接起来，慢慢地，马路开始成型了。

虽然搭建的材料有限，但是孩子们还是搭出了无限的惊喜。

环形马路

【幼儿的经验与学习】

孩子们通过观察同伴或者自己的设计图纸展开了不同的搭建活动。他们成功地将纸上的设计作品以搭建的形式展示在大家的面前，自然而然地将直接感知、亲身体验、实际操作联系在了一起。而看似简单的组合拼搭，又涵盖了不同难度的搭建技能。在搭建不同形式的马路时，孩子们运用了形状组合的围合排列技能；在建一条高架桥马路时，则用到了架空的搭建技能，并能在搭建完成后加以装饰；而在搭建一条环形马路时，孩子们又巧妙地运用半圆形积木，根据需要将马路进行巧妙连接。在一次次的搭建活动中，孩子们协商能力、语言表达能力、交往能力等得到不断提高。

【教师的思考与支持】

主动探索是可贵而有效的学习方式，教师鼓励幼儿亲自动手、动脑去发现问题、解决问题，鼓励幼儿之间的合作，并积极参与幼儿的探索活动。对于幼儿展示的搭建成果，教师进行拍照保留并请幼儿与同伴分享自己的搭建探究过程，帮助幼儿展开下一步计划。

三、我们要建一条大大的马路

（一）班级建构区太小了

多次的搭建使得孩子对马路建设产生了浓厚的兴趣，只要进入建构区就能看到他们三三两两在建马路。一边搭建，一边讨论，孩子们的游戏活动变得丰富起来。"建构区的地方太小了,我们搭两条马路就搭不下了。"恺乐嘟着小嘴说。"就是,这里太小了,还有我们班的积木也有点少。""积木太少,我们就不能建一条又长又大的马路。"因为场地的原因,建构区的几个小朋友似乎都有了小情绪,建构活动也停止了。

确实,班级里的建构区面积太小了,之前一两个小朋友合作完成自己的设计图纸上的马路时还可以,现在他们想要合作搭大型的马路工程就遇到困难了。

孩子们开始想各种各样的办法。"我们能不能把马路建在班级的中间?"洋洋第一个提出了自己的想法。"不行的,中间是老师和我们一起上课的地方。"恺乐听到后马上给予了否定。"我们可以到走廊上建马路。"徽徽给出了新的提议。"也不行的,走廊上已经有柜子了,而且大家走来走去,我们的马路会被人家踢到的。"小毅盯着走廊的位置摇着头说。

(二)借用邻居的场地

中饭过后,有孩子搬了椅子在走廊上玩折纸游戏。他们发现了隔壁班教室外面有一块空地,立刻就向老师求助:"老师,这个地方我们能用吗?""这块地方是分配给中四班的,但是如果你们想用的话,可以和中四班的小朋友去借。"老师告诉他们。

于是几个小朋友一起去向中四班的老师、小朋友借场地。孩子们借场地的想法得到了中四班的同意,而且还意外地借到了中四班的建构积木,积木缺少的问题也解决了。接着孩子们开始了一次不一样的搭建。

(三)马路施工场地布置

为了在开阔的场地完成更好的搭建,孩子们需要查找各种各样的马路的资料,于是孩子们和老师一起在电脑上查找图片,大家都对转来转去的高

收集到的马路的资料

架路很感兴趣，觉得这样的马路能通很多的车，很有意思。

在查找资料过后，我们把认为能帮助我们完成马路建设的图片打印下来，孩子们还去图书室找来了很多关于马路的书，一一布置在借来的场地上。

有些小朋友还发现马路边上都有树木和花草，于是一些女孩子就开始在美工区寻找材料，准备做绿化装饰。

女孩子在设计绿化装饰

（四）大马路建设

一进区，恺乐就被贴在墙上的马路实景图所吸引，他指着图片说："我要搭这个马路，它也是圆环形的，但和我们上次搭的又不一样。"说着他拿了几块长方形木块和半圆形木块放在边上，他先将两块长方形木块拼接在一起，然后在长方形的两侧分别放了两块长方形，四块长方形组合成一个"十"字，在"十"字的四个角上，他又分别放上了一个半圆形。"搭好了，像一个停车场。"恺乐自言自语道。他转身招呼边上的小朋友来看他的作品。"你的停车场有点小，我去那个边上再建一个。停车场要放在边上，不然停车的时候会堵车。"洋洋一边往边上走，一边说。妮妮看了一眼后，指着另一边说："我在那边也搭了一条圆环形的马路，我们把这几条马路连起来吧。"

建大型马路

四个小朋友分散开来，积木一块接着一块，时而直行，时而转弯，时而又变成了一个圆环，不一会儿时间，一条蜿蜒曲折的马路就出现在面前。

"我觉得这条马路搭得太好了。"小谦对着建好的马路看了又看。

"可以建架起来的马路呀,看图片上也都是马路上面建马路的。"凡凡指着墙上的图片说。

小谦从篮筐里拿了一块长方形木块,他在手里掂了掂说:"这个木块好重,架起来会倒的。"说着他拿起边上已经搭在马路里的薄木块,将两块木块换了一下。他拿起两个圆柱形放在中间马路的两边将长方形架高。小毅递过一叠长方形薄木块说:"我都给你换好薄的木块了。""谢谢!"小谦接过木块继续搭建。

搭建高架路

粗的圆柱积木没有了,小谦摸着头似乎又在寻思着什么,突然他说:"还有小的,我们就在高的马路下面建矮的不就可以啦。"说着,他又搭建出了双层高架路。

分层的马路搭建完成,上坡下坡,高高低低,孩子们搭建的马路真是让人眼前一亮。摆上交通标志和铺上绿化,马路终于可以通车咯。在美工区制作绿化的小朋友,送来了小树和花草,把高架路装扮得更加美丽。爱玩车的小朋友可以尽情地在这条高架路上玩汽车了!

【幼儿的经验与学习】

孩子们的搭建兴趣越来越浓厚,班级小小的建构区已不能满足他们的搭建需求,于是他们开始寻觅新的搭建场地。在发现隔壁班级教室外的搭建区域后,他们主动找到隔壁班的老师协商借用场地;在得到隔壁班老师和小朋友的同意后,他们又开始查阅绘本图书资料,以丰富自己的搭建经验。有了宽敞的搭建场地和丰富的辅助材料后,孩子们搭建的热情也更高了。但是,他们却不急于进行搭建,而是开始了场地的规划和搭建任务的分配,完整的计划使得他们此次的搭建活动非常成功,搭建出来的大型马路让老师和小朋友们很是惊叹。

【教师的思考与支持】

在得知孩子们有借用更大更宽敞的搭建场地的想法后,教师是给予支持的，教师引导幼儿尝试自己去征求隔壁班老师和小朋友的意见。在幼儿取得成功后，为帮助幼儿更好地完成搭建任务，教师又与幼儿一起上网查阅资料，丰富幼儿的搭建经验。教师的支持和鼓励有助于幼儿自信心的形成，也为搭建活动夯实了基础。

故事解读

《小车推上大马路》是关于建构活动的故事。建构主题的产生，是幼儿在玩"娃娃推小车"这一民间游戏时激起的对"车"的兴趣，进而发展成为收集汽车玩具，玩汽车玩具，在遇到车辆停放问题时生成了这样一个建构马路的课程故事。教师在支持幼儿活动中，践行着维果斯基的这一观点：儿童认知能力的发展是需要经验更丰富的他人、文化工具和游戏的支持和帮助的。具体表现在以下几个方面：

让更多人成为儿童发展中经验更丰富的他人。在儿童建构"大马路"遇到问题时，老师鼓励幼儿向经验丰富的同伴请教，老师也给予指导，同时引导家长与幼儿讨论相关"马路"的话题。在这些支持中，教师始终站在儿童需要的地方，在幼儿需要协助时及时出手，但支持的方式又具有隐蔽性，比如在散步时和幼儿一起观察幼儿园大门口马路上的情况。

在环境中提供文化工具。维果斯基强调文化工具支持认知的发展。在课程故事中，教师鼓励幼儿完成任务，在建构活动区里提供了相应的文化工具，如有关交通工具，大马路的图书、照片和绘画作品等。让这些文化工具成为支持与引导幼儿的认知发展的一种途径，对于幼儿建构活动的提升有直接的帮助。

创设支持心智工具发展的环境。儿童是通过积极的探索来学习的，他们的学习是在与他人互动的情境中进行的，并借助于心智工具，例如，语言可以帮助儿童记忆、集中注意力和解决问题。在这个课程故事中，教师和儿童共同创设了增加儿童建构机会的空间，如自己班级里的建构区域不能满足搭建需求时，将建构区域延伸至幼儿园公共区域（这块场地原来属于另一个班级），当儿童在建构中遇到问题时，组织幼儿进行讨论、交流，帮助他们彼此之间互相提高认知。在区域里准备了开放性的材料，帮助儿童理解真实的社会情境，并与之建立联系。

在课程故事的开展、记录过程中，教师对于早期教育理论有了更深的认识，尝试着将早期教育理论落实到实践中来。在实践中如果教师能有更多的反思，进而将这些反思去影响儿童的活动，就能让课程故事中的儿童获得更深层次的发展。

（故事记录人：沈梦辰）

跳绳挑战赛

故事缘起

"我一下子跳了三个!""我能连着跳五个啦!"

晨间自主游戏活动时,伊涵和雨欣正在交流着跳绳游戏,诗彤加入进来,"你们看我的,我也会跳的,我会跳到10。"说着她开始跳了起来,伊涵和雨欣在旁边帮忙数着:"1、2、3、……、16。"越来越多的孩子们加入到他们的跳绳游戏中。

随着课程主题"跳大绳"的开展,孩子们在跳绳游戏中关注到每个人跳绳的个数,在相互比较中,他们对同伴一次最多能跳几个的兴趣越来越浓,随着跳绳活动的深入,班级里形成了跳绳活动的竞赛氛围。

一、谁跳得最多

(一)分组记下每个小朋友的跳绳个数

丹丹和她的好朋友正在讨论班级里谁跳绳跳得最厉害,他们都乐意把自己最多能跳多少个分享给好朋友。

"怎么知道班级里面谁跳绳的个数最多?"教师提出了这个孩子们都感兴趣的话题。通过讨论,孩子们找到了解答这一问题的方法,还提出了几个操作步骤。首先是分组记录每个小朋友的跳绳个数,比出每组中跳绳个数最多的小朋友。于是,第二天晨间锻炼,孩子们开始进行昨天的计划,每组进行跳绳统计,每个小朋友跳完后在小组记录单上记录

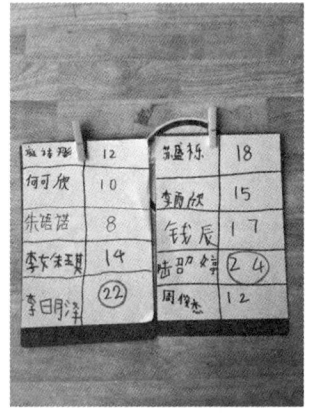

分组记录跳绳个数

跳绳个数。

（二）汇合各组的记录，发现跳得最多的小朋友

孩子们比出每组中跳绳个数最多的小朋友后，开始执行下一步计划，将每组跳绳个数最多的小朋友的记录单汇合起来，通过观察、比较，得出了六组跳绳个数最多是跳了24个，孩子们终于找到了班级里跳绳个数最多的小朋友是谁，语诺惊讶地说："哇！邵婷跳得最多。"其他小朋友都向邵婷投去羡慕的眼光，纷纷表示自己也要跳那么多，还有几个小朋友还向邵婷发起了挑战："邵婷，我现在还不厉害，但是我会努力练习，过几天我就可以超过你了。""邵婷，你真厉害，但是我家哥哥还要厉害，他能一下子跳一百多个。"

【幼儿的经验与学习】

幼儿在跳绳游戏中，能主动探究同伴的跳绳个数，为了知道班级里谁跳绳的个数最多，他们用数一数、记一记、比一比的方法来解决。在记一记的过程中，孩子们通过自制简单的记录单记录跳绳个数，很好地将数学知识与实际生活相联系，尝试用已有的数学经验去解决问题；在比一比的过程中，孩子们的观察、比较、思考、语言表达及创造能力得到了进一步的提升。幼儿在探究跳绳个数的过程中与数学学习之间形成了巩固、加深、补充的关系，使幼儿的数学学习更为生动和有效。

【教师的思考与支持】

对于班级里谁跳绳的个数最多这个问题，孩子们的兴趣度非常高，教师适时地抓住契机抛出问题让幼儿尝试讨论，并采用集体、小组等形式鼓励幼儿大胆说出自己的想法，帮助幼儿运用已有的数概念去学习、吸收新的知识，例如：记录、比较等。在活动中教师注意让幼儿积累零碎、具体的操作经验，在此基础上梳理数字在生活中的作用，且在各环节的交流中注意让幼儿整合各自的经验，寻求答案，帮助幼儿在已有的层次上获得进一步发展。

二、怎么知道家人跳绳的个数

随着跳绳游戏的不断深入，孩子们的话题已经离不开跳绳。在日常户外游戏中，发现孩子们会聊到爸爸妈妈及爷爷奶奶也会跳绳，老师抛出了问题：

"你们爸爸妈妈能跳多少个呢?"回到教室,孩子们展开了"怎样知道家人跳绳个数"的家庭调查讨论……小朋友们化身小小调查员,他们分组讨论怎样才能知道爸爸、妈妈的跳绳情况,即如何展开对家人的调查活动,讨论的内容分别是:调查什么内容、怎样进行记录。

(一)调查什么内容

有关于跳绳,孩子们除了对跳几个感兴趣,还对各种跳法有兴趣。他们会尝试用不同的方法来跳绳,同时也向老师、家长学习各种跳绳的方法。老师和小朋友约定各种跳绳的方法,统称为花样跳绳,包括边跑边跳、单脚跳绳、反着跳、双人跳绳……通过讨论,孩子们决定调查爸爸妈妈"一分钟能跳多少个,会花样跳吗,会什么样的花样跳"。

(二)怎样记录

孩子们决定运用符号等形式自己设计记录单。孩子们首先在家了解爸爸妈妈、爷爷奶奶会跳的花样,根据爸爸妈妈、爷爷奶奶会跳的花样第二天来园设计记录单。

早上,小小调查员们拿着自己的调查表兴奋地开始交流起来……可欣说:"我爸爸一分钟能跳58个。"悦馨说:"我爸爸一分钟能跳80个,我妈妈一分钟跳90个,我妈妈比爸爸跳得多。"欣听了悦馨的话后,看看自己的记录单说:"我妈妈也比爸爸跳得多,我妈妈一分钟能跳73个。""谁跳得最多呢?我们的记录单如何统计呢?"老师问。

讨论如何汇总记录单

由于孩子们设计的记录单内容丰富,需要讨论统计的方法,于是教师抛出问题,请孩子们讨论如何对记录单进行统计。

三、数字太大了,怎么办

(一)用替代物计数

孩子们在统计自己记录单的时候遇到了问题,由于数字太大,孩子们运算起来有点困难。这时，教师请孩子们想一想可以用什么替代物来帮助计数。孩子们开始讨论起来。硕宝想到了自己平时在家里会用数学棒帮忙计数，有小朋友说可以用雪花片，有小朋友说可以用围棋子，还有的小朋友说可以用竹棒。

（二）用点数的方法记录最终结果

有了替代物，孩子们开始分组统计起来了。第一组的孩子用雪花片来尝试计算，第二组的孩子用围棋子帮助计数。孩子们多人合作，一起计算，一会儿盛栎喊起来："我的棋子放不下了。"彤彤说："我好多雪花片放不下了，太多了，不能数了。"看到伙伴们遇到了困难，硕宝把自己的方法介绍给大家，他的方法是把雪花片叠加起来，放在相应的数字下面，便于计数。

另一边统计限时跳绳记录单的姝琪对旁边的彤彤介绍她的计数方法，她的计数方法是把雪花片插在铅笔里计数。旁边的硕宝又分享了自己将雪花片十个十个叠起来，以十个一组为单位，进行计数，会更容易得出结果，于是大家都按硕宝的方法进行统计。孩子们克服种种困难，用自己的方法尝试，最终完成了记录单的统计。

【幼儿的经验与学习】

"怎么知道家人的跳绳个数？"孩子们需要进行调查及记录家人的跳绳个数，在"设计调查表"时孩子们用不同的标记、符号进行设计，他们的设计规划能力在此次活动中得到了提升；"数字太大不会加怎么办？"孩子们想到了雪花片、围棋子，这些平时区域游戏中的材料被孩子们运用到了统计活动中，有效地与材料进行了互动；"雪花片太多数不过来怎么办？"他们想出用叠加雪花片的方式进行计数，并能以十个一组的方式进行排列计数，可以看出孩子的思维能力具有灵活性及独创性，感知和体验到了运算技能的要素，使初步的数学概念得以逐步建构。在此过程中，幼儿获得了记录的经验，将数量抽象化，从而真正理解数字的实际意义，并且在不断的探索中，逐渐培养起了数学学习的积极情感，从而爱学习、会学习。

【教师的思考与支持】

首先，在设计、统计记录单的活动中，孩子们都能自主讨论并实施计划，可以看出孩子们对事物的数量产生了兴趣。统计能培养幼儿的逻辑思维能力、观察能力和信息收集处理能力。在幼儿初步设计调查统计表之前，教师鼓励孩子们以自己的形式设计记录单，通过探索设计记录单体验设计带来的乐趣。其次，在统计活动中，教师肯定了孩子们的自主性、想象力及创造力，帮助幼儿树立自信心，促进每个幼儿在原有水平上获得进一步发展。最后，给孩子时间及空间，让孩子用适当的方式表达自己的意见、交流操作过程、总结成果，增加幼儿的学习经验。

四、来一次跳绳 PK

（一）制订比赛规则

孩子们对跳绳的兴趣越来越浓，我们准备在班里开展"跳绳挑战赛"。"跳绳挑战赛"得到班级里所有孩子的关注，他们开始讨论起挑战赛的事情。老师提出请小朋友自己当比赛的策划人，自己去制订比赛的规则。

在讨论比赛内容时，小朋友产生了分歧，他们对进行哪些跳绳比赛有着不同的想法，有的小朋友说要挑战一次能跳多少个；有小朋友想比赛一分钟能跳多少个；有的小朋友想要比赛花样跳绳。最终，孩子们决定，这三项都列入比赛项目中。孩子们制订出的三个比赛项目为：连续跳绳赛、限时跳绳赛以及花样跳绳赛。限时跳绳赛中孩子们决定用秒表进行一分钟限时赛。

（二）绳子怎么选

在练习跳绳时幼儿有时拿取的绳子会不一样，到底什么样的绳子最适合自己呢？孩子们在户外跳绳活动时，会在线绳区选择绳子，线绳区中的绳子有不同种类，并且绳子的长短也不同。萱萱发现自己拿的绳子比圆圆的绳子长了很多，圆圆的绳子是麻绳，萱萱的是塑料绳，麻绳的长度刚刚好，塑料绳则要长出一大截，跳绳的时候

量出绳子多出的长度并标记

有点困难。"怎么才能让塑料绳和麻绳一样长呢？"带着这个问题，我们回到班级里讨论。艺晗说可以把塑料绳多出来的那段剪掉，但是潘浩说不行，如果个子高的小朋友要用塑料绳，剪掉后绳子对高个子的小朋友来说太短了，

孩子们没有讨论出结果。

第二天早上来到教室后，雨佳对萱萱说，自己的爸爸妈妈在家跳绳也用塑料绳，他们用塑料绳的手柄来收缩绳子。于是孩子们准备把线绳区中的绳子拿过来试一下，当孩子们将塑料绳拿来之后，他们发现塑料绳手柄没有收缩的功能。萱萱说："我们把多出来的绳子打结吧。"说着，萱萱把弄着塑料绳两端。雨佳说："可以，我会打结。"紧接着，孩子们开始讨论着如何缩短塑料绳、缩短多少长度。

很快，他们讨论出了方案：比一比麻绳和塑料绳差多少，用线量出塑料绳多出的总长度，将量好多出的长度分成两份，分别放在塑料绳的两端并用记号笔做好标记，根据两端塑料绳上的标记尝试打结。孩子们根据步骤进行尝试缩短塑料绳，最终成功缩短了塑料绳的长度。

接着，孩子们准备为跳绳比赛选绳子，在统计中发现有的孩子喜欢用麻绳（理由：长度刚好），有的孩子想要用塑料绳（理由：塑料绳轻，跳起来轻松），还有的孩子准备用棉绳（理由：家里练跳绳用棉绳）。当孩子们选好绳子后，老师准备好孩子们选用的绳子以及备用绳。

（三）谁来做裁判

我们发现幼儿在边跳边数时会出错，如何做到比赛公平公正呢？小朋友们开动脑筋进行讨论。他们的讨论结果是，放弃边跳边数，选择一位小朋友做裁判进行数数。那么，谁来做裁判呢？幼儿们又开始讨论选择裁判的标准，初步准备后进行数数 PK。

1. 数数 PK 进行时

我加入了孩子们的讨论中，最终数数 PK 内容分为：数数的速度比赛、数数的正确性比赛、数数声音的大小比赛，三项比赛贴纸最多的小朋友再进行 PK，选出裁判。

2. 比赛中数错了怎么办

孩子们担心如果裁判在比赛中数错了怎么办？辰辰提出可以请两个裁判，最终孩子们决定比赛时由两个裁判同时进行数数。接着，老师对孩子们说："后天我们就要开始比赛了，大家可以为同伴想一个加油口号。"

辰辰说："老师，我想到了一句：你跳绳来快又快。"

"小小人儿把绳跳。"

"小小绳儿来比赛。"

"跳呀跳呀跳高高。"

"你跳我数真快乐。"

孩子们争先恐后地把自己想到的加油口号喊了出来。

(四) 怎样才能让大家知道比赛的事情

比赛马上就要开始了，从孩子们日常的交流中也越来越能感受到比赛的紧迫感，还有的幼儿已经将我们班的跳绳挑战赛活动告诉给别的班的好朋友……"如果其他班好朋友要来看我们比赛，我们怎么告诉好朋友比赛规则呢？"老师问。孩子们各抒己见，彤彤说可以画出来给好朋友看，于是，孩子们开始准备制作比赛规则的图标，与同伴们一起采用画、剪、贴、写等形式进行合作完成规则示意图。

【幼儿的经验与学习】

孩子们能否自己策划一次跳绳挑战赛呢？显然，孩子们的能力是无穷的，在讨论中，他们运用逻辑分类、次序、数概念得出了结论，制订了三个比赛项目：连续跳绳赛、限时跳绳赛以及花样跳绳赛。在遇到"一次能跳几个"及"一分钟能跳几个"比赛项目难以抉择时，他们能换个角度看问题，通过发现两个比赛有着不同的意义，从而决定都纳入比赛项目中，说明他们的解决问题能力得到了一定的提高。在孩子们发现边跳边数会出现错误时，谁来做裁判这个问题出现了，在选择裁判方面，孩子们根据已有的经验，分析出选择裁判需要从数数的速度、准确性、声音大小方面考虑，说明孩子们平时具有一定的观察力，而且他们的组织能力也在不断增强，自主能力、创新能力凸显。此外，他们能根据现实跳绳比赛情境设计口号，说明他们具有一定的创编能力，能感受口号中的语言节奏和韵律。

【教师的思考与支持】

当孩子们的跳绳比赛意识越来越强时，教师适时抛出问题"如何开展跳绳挑战赛？"放手让幼儿自己策划挑战赛的内容，共同探讨制订比赛规则，幼儿们在一次一次的实践中找到方向，克服困难，团结合作，这也是幼儿经验的积累。通过不断尝试，幼儿获取了新的信息，在此过程中教师尊重幼儿的想法，鼓励他们用自己的语言和形式，对身边的各种事物进行表达。幼儿在面对问题时，已经习惯与同伴一起讨论，教师鼓励幼儿多发表自己的意见，尊重每个幼儿的想法，相信孩子的见解，帮助幼儿梳理思路；幼儿能用适当方式表达、交流其探索过程和结果，这实质上是幼儿将其在探索活动中的感受、体验外化和具体化，使其认识能力得到提高。

（五）比赛开始啦

孩子们的跳绳技能每天都在进步，跳绳动作越来越娴熟，他们的比赛意识也越来越强。

我们认真准备的跳绳挑战赛马上就要开始了。孩子们根据之前讨论好的计划，开始分工合作起来。几位小裁判拿好记录本和笔，运动员找到自己最适合的绳子来到比赛场。

1. 连续跳绳赛

"预备！开始！"随着裁判诗彤的声音，运动员开始跳了起来。

"1、2、3、……、35。"

"我跳了35个。"

十位参赛小朋友都用熟练的跳绳方法进行着比赛，最终结果出来了，邵婷连续跳35个，成为冠军。

跳绳赛

2. 限时跳绳赛

接下来进行的是限时挑战赛，时间为一分钟，孩子们在听到"开始"后，快速地挥舞着绳子，气氛非常激烈。

"你我大家一起跳，跳出健康好身体。"

"一个一个很多个，跳起绳来快又多。"

"跳绳比赛真热闹，大家一起把绳跳。"

大家喊着自己的加油口号。

两位裁判同时计数

3. 花样跳绳赛

最后进行的是花样跳绳赛，只见明泽单脚跳重心不稳有点摇摇晃晃，这可急坏了旁边观赛的小朋友，他们纷纷提醒他坚持住。

"李明泽，加油！"

"加油！加油！"

交叉跳比赛中也有小插曲，伊涵跳得把腰都弯下来了。

可欣说："伊涵，你弯腰跳有点像老奶奶。"

伊涵噗通一笑，绳子停了下来，大家都笑了。

花样跳绳赛，趣味浓来欢乐多……

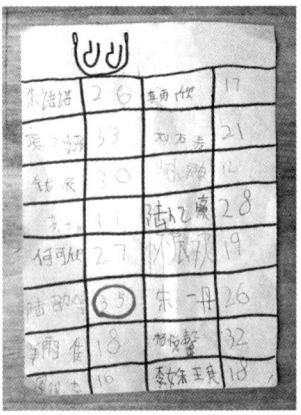

跳绳结果统计

【幼儿的经验与学习】

孩子们在跳绳挑战赛中能遵守比赛规则，比赛中一起数数，一起加油，具有一定的团队合作能力；孩子们都能清楚地说出自己的跳绳个数，说明其具有一定的数概念；在整个活动中，孩子们的记录能力、数的比较能力、解决问题的能力、沟通及合作能力等都得到了很好的发展，并且相互习得了很多良好的学习方法。

【教师的思考与支持】

从平日的跳绳游戏到统计跳绳个数，再到策划跳绳挑战赛，在这一过程中，面对幼儿新奇的想法和问题，教师引导幼儿在每个环节中运用操作、猜测、讨论等方式寻求答案。幼儿在解决问题的过程中，不仅逐步建构起数学概念，而且也学习到了解决问题的策略和技能。教师引导幼儿积极思考、激发好奇心，让幼儿在探究中学习，做一个探索者和发现者。此次跳绳挑战赛的开展使幼儿明白了记录的生动和意义，教师的放手让幼儿更主动地接纳身边的事物，包括活动中出现的困难，能勇于尝试第一时间与同伴一起解决困难，团队合作能力、交往能力有了一定的提高。同时，我们教师也和幼儿在活动中共同成长。

故事解读

作为大六班的一位替补老师,我和孩子们一起经历了《跳绳挑战赛》课程故事,真切地感受到"所有来自儿童的问题都是课程发生的起点"。老师和孩子一起直面问题,不放过幼儿产生的每一个问题,支持幼儿深度探索跳绳中的数学问题和技术问题,让跳绳这样一种简单的活动变成一个引人入胜的有趣故事。故事中的幼儿和老师让研究者的课程角色越来越明晰。

活动中的幼儿是投入的研究者。在基于问题的课程发展中,幼儿始终处于积极主动的参与状态,处于主动学习的状态。探究跳绳个数中,幼儿用一种科学研究的方式去解决问题,他们先从范围小的小组入手进行统计比较,再扩大到整个班级,接下来还向成人世界扩张,这种由小及大、由近及远的探索方式不正是我们探索事物的一般方式吗?幼儿运用这样的方式熟门熟路,自然得不能再自然了。

活动中的老师是投入的研究者。老师转变角色成为课程的研究者,这使得课程真正是生成出来,而不是教师提前预设的。老师以《3—6岁儿童学习与发展指南》为基本依据,在活动的开始阶段,预设了通过跳绳活动,班级里的每一位幼儿都能达成"能连续跳绳"的目标。随着活动的开展,幼儿探索发生转向、出现新问题,教师总会在观察幼儿的基础上,及时进行活动的反思和课程审议,尽量保持自己的角色定位,调整对幼儿活动支持策略,与幼儿做出恰当的互动,确保幼儿主体性更好地发挥,让幼儿成为学习的主体。这样的老师,我们能说她们不是课程的研究者,不是幼儿学习的研究者吗?

跳绳运动可以培养幼儿身心和谐的综合人格,以游戏的形式调动幼儿的积极性,在小组中进行一些运动练习和比赛,虽然活动的主线是一场跳绳比赛,但从整个故事我们可以看出活动的目的不是为了比赛,而是注重幼儿在准备活动、比赛过程、比赛后的体验,注重的是孩子们能够在游戏中自由地、无拘无束地表现自己、发展自己。在这方面,老师的观察和记录可以更细致些,对于幼儿体验的感受更关注一些,我们的故事将会更加饱满,孩子们的体验和成长会更进一步。

(故事记录人:沈晴)

绳子的秘密

故事缘起

"跳大绳"主题开展以来，小朋友们学跳绳的热情逐步高涨。一次晨间活动，小朋友们愉快地在线绳区跳着绳。

伊伊兴冲冲地跑向我："老师你看，我已经能连着跳好几个了，你帮我数一数！"

几个小朋友围了过来，跟着我一起大声地数起来："1，2，……，11，12。"伊伊一下子跳了12个。

琪琪不甘示弱地说："我也会！我也会！"说完便迫不及待地展示给大家看，但是他跳起来并没有伊伊那么连贯，只是先把绳子甩到前面，然后再并脚跳过去，以这样的节奏跳了12个有余。

幼儿展示连续跳绳

伊伊不服气地说："你这样太慢了，一个一个跳，没有连起来，不算，你要跟我一样，绳子要甩快一点。"琪琪吐了吐舌头说："这样我还不会。"

一旁的斌斌跃跃欲试，尝试着跟伊伊一样的节奏跳了起来，可是手脚没有配合好，几次下来感叹道："怎么这么难呀！"说完还是继续跳了起来。

我观察了其他小朋友的表现，多数小朋友只能像琪琪一样，一个一个断断续续地跳，甚至有的小朋友连基本的甩绳都不会，时间一久，就失去了兴致。相反，少数几个已经能够连续跳起来的幼儿，兴致高昂不断地展示着自己的技能，嘴巴里还大声数数。他们时而自己跳，时而找同伴比赛跳，时而邀请老师或者保育阿姨合作跳……

活动结束后回到教室，围绕今天线绳区的活动，我和小朋友们共同商讨制订了跳绳学习计划，初定目标是每个小朋友在一个月内挑战完成连续跳绳十个以上。

一、我们的绳子不一样

跳绳学习计划一出，家长们积极配合，纷纷给孩子准备了绳子，让孩子在家也开始练习起来，有的孩子还把绳子带到了幼儿园……

早上坤坤在奶奶的陪同下走进了教室，手里还拿着一根用毛纱带子做成的"绳子"（用两根较粗的带子拧成）。坤坤奶奶笑着对我说："坤坤回家说要学跳绳，家里面没找到绳子，但是我家做羊毛衫的带子倒是很多，所以给他做了这个，也能跳的。"说完让坤坤跳给大家看。

一旁的斌斌看到了惊叹道："啊，这个也能跳啊！让我也试试看！"坤坤立马开心地递上自己的"绳子"。斌斌拿起"绳子"尝试跳了一下，说："这根绳子有点轻，我的绳子比较重。"我顺势问道："那你觉得哪根绳子比较好跳一点？""好像我自己的比较好跳！"坤坤有点不服气："我奶奶给我做的这根绳子也很好跳啊！"在两个人争论着谁的绳子好跳的时候，孩子们陆续来园，有的也带来了在家练习的绳子。宝宝说："我的绳子是买来的。"婷婷说："我的也是买的，但是我跟你的不一样，我的绳子也好跳！"边说边开始跳起来……

睿睿拿着他的绿色晾衣绳不好意思地对我说："老师，我家里没有和学校一样的绳子，所以我奶奶给我准备了这个，它是我奶奶用来晾衣服的。"雯雯紧接着说："我家里也没有绳子，我带的绳子是我奶奶自己用手搓的。"

【幼儿的经验与学习】

跳绳学习计划一出，孩子们第二天就把绳子带到学校，可以看出他们有一定的任务意识和自我管理能力。从他们介绍自己的绳子以及与同伴的绳子进行对比的过程中，可以发现他们语言描述能力及总结能力比较强。在对哪种绳子比较好跳的争论中，他们感知到了绳子的多样性以及不同材质绳子轻重的不同，在对比的过程中，他们还了解到绳子的不同来源，激发了一定的探究欲和胜负心。

【教师的思考与支持】

在幼儿自带的绳子中，材料的涉及范围是比较有限的，大部分小朋友都是购买来的塑料绳,还有晾衣绳,以及比较粗糙的草绳和带子绳,教师则通过这一事例让幼儿了解更多样的绳子材料,从而引发幼儿对绳子材料的兴趣并引导他们探索何种材质的绳子更适合跳绳。

二、什么样的绳子好跳

我把幼儿园提供的各种绳子以及孩子们自带的各种不同的绳子都一一展示在桌面上,带领孩子们一起认识不同种类的绳子。

晗晗说:"我的绳子是粉色的,两边都有个柄,这个柄可以把绳子变得短一点,所以我妈妈帮我在这里打了个结。"

琪琪说:"我带来的绳子是我妈妈在超市里买的,它两边也有柄,我的柄里面还有数字,可以记录我跳绳跳了几个。"

雯雯说:"我的绳子不是买的,是我奶奶用稻草自己做的。我看见奶奶是用手把稻草搓啊搓就搓好了。"雯雯一边说还一边做起了"搓绳"的动作。

坤坤说:"我的绳子也是奶奶帮我做的,我奶奶帮我做绳子的时候我也帮忙了,我拿着绳子的这一头,奶奶就拿两根带子这样拧啊拧……"

雯雯和坤坤的两条绳子引起了大家的关注。我提问:"这么多不同的绳子,哪些绳子比较适合跳绳呢?"

问题一抛出,孩子们都说自己带来的绳子是最适合跳绳的。我选出了最具代表性的麻绳、草绳、塑料晾衣绳和带子绳,问:"这几种绳子,哪种适合跳绳呢?"底下纷纷回答:"麻绳。""另外三种哪条也适合呢?"

硕宝提出了他的想法:"我们拿这三条绳子都跳一跳,就知道哪条绳子好跳了!"

塑料晾衣绳、带子绳和草绳

探索哪条绳子适宜跳绳

大家觉得这个办法行得通。于是我们请涵涵、泽泽和佳麒三个跳绳水平相当的小朋友分别拿这三条绳子，在教室前的空地上开始跳起来。

泽泽拿的是睿睿的晾衣绳，才没跳几下，绳子就拧在了一起，不能继续往下跳了。

涵涵甩起雯雯的草绳，还没跳几下就抱怨起来："这根绳子好轻啊，而且歪歪扭扭的，一点都不方便。"

佳麒拿的是坤坤的带子绳，跳了几个也很吃力地叹道："这根绳子也很轻，而且还有点短，我跳得好累啊！"

硕宝接着提议道："不如你们交换一下再跳跳看。"

在硕宝建议下，三个人交换了手中的绳子，可是结果是一样的。大家发现草绳和带子绳可以跳但是手感太轻连续跳多个会很累，而塑料的晾衣绳不但轻，还会在跳的过程中扭在一起，不太适合跳绳。

【幼儿的经验与学习】

在孩子们介绍绳子的过程中，可以看出他们观察细致，能说出自己绳子的不同之处。在回答哪条绳子最好跳时，他们不约而同地回答"麻绳"，是因为我们在线绳区提供最多的就是麻绳，并且好多小朋友就是在幼儿园用麻绳学会了跳绳，这是生活经验迁移的典型表现。接着通过交流、尝试、比较发现不是所有的"绳子"都适合跳绳时，他们总结出绳子太轻、太长、太短都会对跳绳产生影响。

【教师的思考与支持】

当幼儿都表示自己带来的绳子最适宜跳绳时，教师首先尊重幼儿自己的想法，不以自己的认知去否定他们，进而引导幼儿用自己的办法去协商解决，给予幼儿足够的时间和空间去探究，让幼儿在分享经验、讨论问题的过程中想办法，尝试去找寻正确的答案，只有探索才能引发幼儿主动思考，激发他们的探究欲望，提升他们解决问题的能力。

三、稻草绳子怎么做

（一）稻草从哪里来

虽然雯雯的草绳和坤坤的带子绳不是最适宜跳绳的，但是孩子们还是对这两条自制的绳子产生了浓厚的兴趣,开始追根问底。

小辰问:"老师,雯雯的绳子是稻草做的,稻草是什么东西啊?"我把问题抛给大家:"有没有小朋友知道什么是稻草?"——高高举起小手,激动地喊道:"我知道我知道,就是水稻,百草园里就有。"小辰疑惑道:"百草园里有稻草吗?""就是在小房子旁边的水沟里,那里有一片稻田。""真的吗?那我们能去看看吗?"

于是利用散步时间,我带孩子们来到百草园的水稻边,指着水稻问:"你们看这是什么啊?"有小朋友脱口而出:"麦子。"——赶紧大喊:"不对不对,这不是麦子,这是水稻!"还有小朋友想起上学期,观看保育员阿姨在水田里插秧的事情。

"水稻为什么没有水呢?"小辰又发现了新问题:"老师,雯雯的绳子不是说用稻草做的吗?为什么颜色跟这个不一样?这个稻草怎样才能搓成绳呢?"说着他伸手去触碰了一下水稻叶子:"我觉得这个像把刀一样,好锋利啊!我觉得它可能会把我的手都划破的,怎么用它来做绳子啊?"一连串的问题从他的口中冒出来,其他小朋友也附和着问。

为了让孩子们更进一步了解水稻,《稻子在长大》绘本出现了,我和孩子们一起阅读一起感知。

认识水稻

(二)稻草怎么搓成绳

接下来的日子,孩子们收集了稻草,并尝试着自己搓一条绳子。彤彤试着拿起两根稻草,把它们放在手心来回搓了几下,可是稻草没能拧在一起。两根不行,她又试着拿三根,可还是不行,她忍不住跑来问我:"老师,这个好像太难了,我使劲搓都不能搓成绳子啊!"

这时阿姨出马了,她说:"我来搓给你们看!"只见阿姨拿起彤彤手中的两根稻草，把它们一头打了个结，动作娴熟地搓起来，不一会儿两根稻草就拧成了细细的绳子。

被吸引过来的宝宝好奇地问："阿姨在干什么啊？"彤彤说："阿姨在教我搓绳子，我觉得好难啊！"只见阿姨手中的两根稻草上下交错着。彤彤发现了阿姨搓绳的动作与自己的不同："宝宝，你看阿姨搓绳子的时候不是这

学搓草绳

样上下来回搓的，阿姨是这样搓的。"彤彤边说边做了两种不同的手势，被吸引过来的可欣也仔细观察起来，大家似乎发现了其中的奥秘，都想要亲自尝试一番。

宝宝第一个上去体验，可看似简单的动作，搓着搓着绳子就开始松散了。紧接着彤彤、可欣等小朋友也尝试了一下，但是也没能很好地掌握。她们纷纷让我帮她们把两根稻草一头打结，阿姨还教她们把打结的一头坐在屁股下面，然后慢慢开始搓。宝宝和可欣还相互合作，一个人帮忙拉着一头，另一个尝试搓绳……

（三）借助工具来编长绳

孩子们在区角活动时已经大致掌握了搓绳的方法，但是绳子的长度仅仅停留在一根稻草的长度，添加稻草增加绳子长度的步骤对孩子们来说还是较难掌握的。孩子们又提出了新的问题："我们怎样才能编条长长的绳子呢？"有没有更好更快的办法呢？可欣说："我们把编好的短绳一条条连起来就能变成长绳了。"丫丫持反对意见："啊？怎么连接？打结的话绳子上都是结，肯定丑死了。"还有小朋友也附和道："打结太难啦，我不会打结啊。"

带着疑惑，我把他们带到了百草园的编织区，向大家介绍了传统的编绳器具，一个是晒稻草，两个是可以制作长绳的。大家对这些器具特别好奇，难以想象要怎么用它们来制作长绳。于是在百草园编织区，孩子们对编绳开始新一轮的探索。

编绳器具　　　　　　　幼儿尝试用器具编长绳

【幼儿的经验与学习】

幼儿有主动探究的欲望,在关注到周边环境中有稻草后能主动提出去观察,并逐渐发现新鲜稻草与枯稻草之间的联系。孩子们还是有一定的观察能力的,并能通过观察的情况推断答案。搓绳活动由一个人的探索扩散成了两个人、三个人,然后更多人,同伴间的相互影响很大。孩子们的体验让大家意识到要想搓成一条长长的绳子并非是一件简单的事情,他们在区角活动中不断去尝试、挑战,不知不觉间就有几个小朋友慢慢地搓出了一条条短短的绳。在这一系列的活动中,孩子们初步掌握了搓绳的技能,还自然培养起与同伴合作、探索等良好的行为。在认识编织工具时,他们充满了好奇,想要继续探索,可以看出他们有一定的探索精神。

【教师的思考与支持】

幼儿对事物和现象的认识是在探索的情境和过程中获得的,正所谓"百闻不如一见,百见不如一行",教师及时利用园所现有资源,帮助幼儿获得更多的经验。在带领幼儿观察水稻之后,幼儿对水稻产生了一定的好奇心,于是教师适时地给孩子呈现了绘本《稻子在长大》,让幼儿通过绘本了解了水稻的生长过程,了解水稻收割以后的各种用处,从而明白编绳稻草是稻谷收割以后经过晒、筛等程序才能形成的"原材料"。基于他们对稻草的兴趣,当幼儿园现有资源无法满足他们时,教师开始利用家长资源收集稻草。教师抓住不同的契机培养幼儿的合作意识,激发幼儿合作兴趣,为幼儿创造合作机会,指导幼儿掌握合作的技巧，为幼儿良好个性的发展奠定扎实的基础。教师积极投放了不同的材料，提供了不同的场景让幼儿去体验编绳的乐趣，让幼儿一步步地体验到成功的快乐。

四、还能做什么样的绳子

用稻草来制作绳子的活动，让孩子们体验到了制作的乐趣，他们用自己编的草绳跳更开心了。在跳绳活动中，他们还在讨论：我们除了用稻草来制作绳子，还可以用哪些材料来做绳子？我们自己能做其他材料的绳子吗？带着这样的问题，孩子们展开了新的探索。

（一）还有什么材料能编绳子

在装饰班级娃娃家的时候，我们用坤坤带来的带子做隔断，这些带子是做羊毛衫的一种辅料，是用毛纱线编织出来的，它的样子有些像鞋带，扁扁的长长的。在讨论可以用什么材料来做绳子的时候，涵涵说："我们可以用这些带子来编绳子。"听了涵涵的想法，大家都表示同意。

彤彤说："我们班级里有这么多的长丝巾，也可以用来编绳子。"

涵涵附和道："对，丝巾编的绳子肯定很漂亮。"

可欣也积极发言："我们收集站收的旧衣服也可以编绳子。"

——表示反对："旧衣服不能做绳子，衣服又不长。"

于是大家围绕旧衣服能不能做绳子争论起来，有的说可以，有的说不可以。后来可欣想到了一个好方法，就是把旧衣服用剪刀剪成长长的布条，这样就可以编绳子了。大家也都认同可欣的想法。

（二）我们编的麻花辫绳子

有了这么多的材料，那要怎么编才能做成长长的绳子呢？涵涵喜欢在区角游戏时用带子编麻花。于是我请涵涵向大家演示如何编"麻花辫"，涵涵一边编一边说："其实很简单的，只要记住规律，白、红、粉、白、红、粉，一直这样交叉编织就可以了！"

室内区域单人编短麻花辫

于是，在涵涵的带动下，很多的小朋友只要一有空就去学习编织，慢慢地还延伸出户外大型编织游戏：四个小朋友相互合作，一个人负责握住一头，三个人各拿一种颜色的带子，然后按照规律，时而从同伴身后绕过，时而跨过或是跳过带子，大家玩得不亦乐乎，长长的三根带子，不一会儿就编成了一条长长的麻花辫绳子，孩子们轮流用这个"麻花辫"跳绳，还尝试跳起了大绳……

户外四人合作编长麻花辫

（三）用自己编的绳子跳一跳

自己编的绳子跳起来会怎么样？在编绳子的时候，孩子们就一直思考着这个问题。这天，几个小朋友终于合作完成了编绳任务，他们迫不及待地来到操场上，开始尝试起来。

不一会儿大家就开始分享自己的跳绳感受，宝宝说："看，我用带子编的麻花绳很好跳。"佳琪十分兴奋地说："我们编的绳子太长了，可以用来跳大绳了。"于是三个小朋友两人负责甩绳，一人站在中间跳了起来。而涵涵喘着大气说："我们做的绳子好像太重了，跳起来有点累。"

幼儿用自制绳子跳绳

在跳绳活动中，孩子们发现自己制作的绳子有的太松了，有的太重了，有的又太短了。虽然有各种各样的问题，孩子们还是很喜欢自己制作的绳子，他们会在晨间活动时向其他班级的孩子介绍自己制作的绳子，还特别热情地邀请其他班级的孩子来跳一跳。

【幼儿的经验与学习】

在探索用不同的材料来制作绳子的过程中，幼儿对各种材料有了新的认识，比如对于班级收集站里的带子、丝巾、旧衣服等都有了更深的认识，了解到这些材料是可编织的。在编麻花制作绳子的过程中，幼儿充分体验了多人合作的作用，只有四个人通力合作，每一个人都不能犯错误，才能编成一根长长的麻花绳，这不仅提升了合作技能，更提升了学习的品质。在用自己制作的绳子进行跳绳活动时，幼儿的自信心也得到了提高，他们会主动向其他班级的幼儿推荐自己制作的绳子，充分体现了通过努力取得成就的自豪感。

【教师的思考与支持】

在完成了对稻草绳子的探索活动后，教师依然支持、引导幼儿对于各种材料的探索，希望幼儿通过接触各种材料，体验材料的多样性，启发幼儿的创造性。教师尊重幼儿作为活动主体的地位，让幼儿走在前面，默默地为幼儿提供相应的课程资源支持和动作技能支持。在绳子制作完成后，不仅将这些绳子放在自己班级里，还放到户外公共的跳绳区域。教师引导幼儿分享自己的劳动成果，并鼓励幼儿向其他班级的幼儿介绍自己的成果，这对于幼儿分享意识的培养、积极主动的交往起到很好的作用。

故事解读

张雪门先生主张生活就是教育，五六岁的孩子在幼儿园生活的实践就是行为课程。行为课程重视生活、经验、行动等因素在课程中的作用，这也是当今我国幼儿园课程改革的主要导向。《绳子的秘密》课程故事就是以幼儿的生活为基点，以幼儿的行为为中心，通过"做学教合一"的手段，使幼儿获得基本经验，从而为其进一步发展奠定坚实的基础。

《绳子的秘密》以幼儿感兴趣的"跳绳"游戏切入，在"在一个月内挑战完成连续跳绳十个以上"这一个预期目标之下，生发了对绳子怎么来的探秘活动，幼儿也在探秘绳子的过程中不断学习跳绳，完成了预期目标。

本故事以探索绳子怎么来的秘密为线索，在"做学教合一"中推进活动进展。在探索活动中，教师鼓励幼儿自己做、自己想、自己解决问题。幼儿是在"做"中学，教师是在"做"上教，将教师的教和幼儿的学，统一在"做"上，突出了直接经验和主动学习的重要性。例如要了解水稻的生长过程，我们让幼儿参与了播种、插秧、除草、收割等各个环节，也正是有了这样的过程，孩子才会去主动发现、探索草绳的制作。无论什么活动，让幼儿最大可能地参与其中，让幼儿能够尽可能多地去做、去想、去学，让幼儿要有自己的行动。

张雪门先生进一步强调，大家不能专在行动中求经验，必须将直接经验与间接经验联系起来，才能获得全面多样的知识，同时提升学习效率。《绳子的秘密》故事中，教师为幼儿提供《稻子在成长》的图画书，提供各种各样的材料和各类绳子，就是让幼儿在直接经验的基础上学习间接经验，既保证了幼儿获得经验的真实性，又提高了学习效率，使幼儿获得更好的发展。

幼儿在活动中需要支持、引导，教师需抛弃成见，用心观察幼儿的行为，给予他们适当的指导。在幼儿多次尝试制作草绳、麻花绳的过程中，教师通过引导幼儿与同伴合作、技能模仿等方法，间接指导幼儿获得编绳技能，收获编绳的成功感。如何更好地合作，如何在编长绳子中处理带子的打结问题，不是由教师灌输知识给幼儿，而是幼儿在行动中自己探索，再通过教师的提示与引导获得的。这一年龄段的幼儿专注能力相对较弱，注意力容易分散，为了提升幼儿的学习品质，教师通过竞赛、成果展示等方式调动幼儿的兴趣，在做事的习惯上和态度上进行指导，让幼儿在行动中逐渐形成良好的行为习惯和态度。

《绳子的秘密》课程故事中，教师如果能多关注幼儿在"做"的过程中遇到的"问题"，再多听一听、看一看，观察更细致些，故事的记录会更加丰满。后期教师可以通过分享故事，引导幼儿获得更加生动的感受。

（故事记录人：秦秀娟）

洋片的故事

故事缘起

"翻洋片"是一个经典的民间游戏,一般到了大班,幼儿园的老师会和孩子一起来玩这个游戏。传统的"翻洋片"是几个小朋友一起游戏的,在游戏的时候,每人都持有一些洋片,各把一张洋片扣在地上,用猜拳的方式决定谁先拍;先拍的小朋友如果能把地上的洋片拍翻过来,这张洋片就归他了;如果拍不翻,就换另一位小朋友接着拍。游戏轮流进行。

我们班的孩子还没有接触过这个游戏,要如何进入"翻洋片"的游戏呢?

在民间游戏馆的纸区,孩子们发现了一些有趣的卡片,原来这些有趣的卡片有一个特别的名字叫做"洋片",是老师和爸爸妈妈小时候的玩具。在教师的示范下,小朋友也跟着玩起来了。

晚上,教师把孩子们玩洋片的照片分享在班级群里,引起了家长的热烈讨论。其中一位爸爸很自豪地说,他小时候玩的洋片

收集到的洋片

到现在还保存着。教师建议这位爸爸可以在家里和孩子一起玩玩这些洋片。于是,孩子们回家后就和爸爸妈妈一起玩起"翻洋片"的游戏,这引发了班级里幼儿玩洋片的热潮。

一、洋片可以怎么玩

洋片怎么玩？拍、甩、划、飞、吹、吸、扇……有太多的玩法了，有些是传统的玩法，有些是孩子们自己发明的。

（一）拍洋片

洋片要怎么玩呢？有小朋友说："我会玩的。"他拿起洋片在桌上拍了起来，没一会儿就把洋片拍翻了。

浩浩看了，学着样边拍边说："这么简单，谁不会啊。"可是拍了好一会儿，他都没有把洋片拍翻过来。

是怎么回事呢？为什么拍了好久都没有把洋片拍翻呢？在一旁的小雨说出了实情，原来是因为手的姿势不对，才拍不起来。

"要什么样的姿势才能把洋片拍翻呢？"我的提问引发了幼儿积极的讨论和尝试，他们开始对比拍洋片的手势，发现手心不紧贴着桌面洋片翻过来的几率较高，而手心紧贴着桌面洋片则翻过来比较费力。这样的手势又叫什么呢？经讨论决定以"空心掌"和"实心掌"命名。

拍洋片

洋片翻起来啦！

教师继续引导幼儿探究，提出了："为什么空心掌能拍翻洋片？"教师建议幼儿再次尝试这两种方法，探索其中的奥秘。孩子们继续尝试，发现了空心掌在拍下去的时候，是有风的，是风的力量把洋片带翻起来。

（二）甩洋片

在本地，自己折的方片和洋画片统称洋片。用洋片去拍翻洋片的玩法比较适合自制的方片。制作洋片的纸张、大小是影响输赢的因素之一，更重要的是甩的技巧。站姿、手甩的技巧都会影响甩洋片的结果，如果用力不当，根本打不到洋片上。孩子们在玩的时候还很享受洋片打在地上发出来的砰砰声。

(三) 划洋片

通过孩子们一段时间的探索，他们发现了洋片的新玩法。这不，小小正饶有兴致地在玩新学到的划洋片呢。"我新学了一种玩法，想不想学？你们看好了哦。"

小小的话吸引了几个感兴趣的孩子，他们围在他身边，看他示范。只见小小将洋片从桌子一端划了出去，有时划得近，有时划出了桌子的界限，直接飞到了地上。

划洋片

小哲看到了喊起来："哇哇哇……这么远，我们到地板上来玩吧，谁划得远谁就赢得了比赛。"

(四) 飞洋片

除了划洋片，孩子们还有新玩法呢。小恺将洋片按在墙上，然后迅速把手撤回，洋片随之从墙上飘了下来落在了地上。丫丫也在同一个位置，模仿小恺的动作，将洋片按在墙上，随即松手，丫丫的洋片也飘落在地。

谁的洋片飘落得远，谁就赢，就可以得到对方的洋片。这个游戏可以两个人玩，也可以多个人玩。松手的速度、洋片放的位置的高低都会影响洋片飞的远近。

飞洋片

(五) 吹洋片

孩子们还在爸爸妈妈那里学来了吹洋片的玩法。他们将一叠洋片垒得高高的，吸一口气，从洋片侧面对着洋片使劲吹，吹翻的洋片就归自己。这得靠气息的恰当运用，才能吹翻更多的洋片。孩子们对这个游戏饶有兴趣，有的在桌上玩，有些直接搬到了

吹洋片

地板上玩。

(六) 吸洋片

持续这一段时间的玩洋片，让孩子们对洋片产生了非常浓厚的兴趣。这天，佳诚又发现了一种新的洋片玩法。"快看，我的手能吸住洋片。"佳诚的话吸引来了很多小朋友过来围观。他的手掌按在一叠洋片上，一张洋片吸附在了他的手心里，手心翻过来，洋片的反面朝上了。有些小朋友看着好玩，也去拿了些洋片玩起来了。有些厉害的小朋友一次能吸起并翻过来好多张。

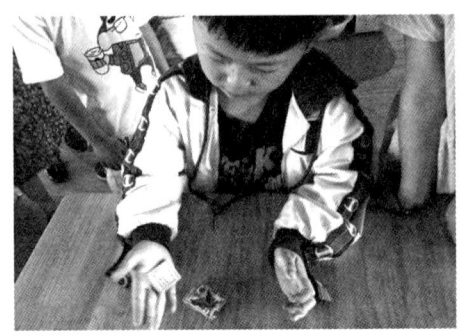

吸洋片

成成一连好几次都没有把洋片吸起来。

成成说："怎么我吸不起来呢？"

佳诚说："你的手上没水，我的手上出汗了，所以把洋片吸起来了。"

听了佳诚的话，成成开始想办法让自己的手出汗。一边的小宜把手放在嘴边哈了几口气，然后再去按洋片，一下子就把洋片吸了起来。很多孩子都在想办法让自己的手心拥有更多的"吸力"，除了哈气外，还有的孩子在不停地搓手。

在探索洋片的不同玩法时，我引导幼儿通过向成人学习、与同伴讨论分享等方法来体验洋片游戏的乐趣，并在游戏中获得了不同的动作所产生的力的效果等新经验。

【幼儿的经验与学习】

在探索洋片的各类玩法中，幼儿掌握了各类玩洋片的玩法，掌握了玩洋片的规则和方法，还积累了向成人学习、向同伴学习的经验。通过两两合作玩、多人一起玩，他们对合作玩游戏有了更多的体验，知道了要想玩得开心，就要遵守游戏规则、尊重比赛的对手。在运用不同的动作来让洋片翻过来的活动中，幼儿体验到了不同的身体部位（如手、嘴），通过不同的动作（拍、吹、吸、甩、划……）产生了力。他们还体验到了从不同的角度，用不同力度所产生的效果是不一样的，例如在飞洋片游戏中洋片放置位置的高低、松手的速度与洋片飞的远近之间的关系,从而学习控制手部力度,学习正确的身体姿势,掌握游戏的各类小窍门。

【教师的思考与支持】

孩子们收集了祖辈、父辈们玩洋片的各种方法,通过模仿学习,内化成为自己的本领。当有孩子询问玩法时,老师没有急于把游戏玩法直接地教授给孩子们,而是让已经会的孩子把自己的游戏本领分享给同伴,让孩子体验分享带来的乐趣。一个孩子带来了游戏新玩法,其他孩子会主动向其学习,并引发他们回家后向家长再去学习不一样的玩法,然后分享给同伴,使游戏不断前行。同伴之间的学习,孩子更能感受到游戏的有趣、轻松,享受同伴互动的快乐过程。教师在其中扮演的角色极为重要,教师不断观察孩子在分享中、在游戏中遇到的困难,适当地给予帮助就能增加孩子的经验。

二、洋片都一样吗

在家长的支持下,幼儿园的民间游戏馆里收集到了许许多多的洋片。洋片上都是不同的人物形象,但这些形象大多数孩子们不认识,是陌生的,从而引发了孩子们探究的兴趣,想要了解父辈和祖辈家长喜欢的洋片上的人物形象。

幼儿园为此组织了一次家长绘制洋片画的比赛活动,请家长们画一画自己儿时最喜欢的洋片画。在收集到的作品中,发现父辈家长画的比较多的是动画人物或电视剧人物,有葫芦娃、圣斗士、大头儿子小头爸爸、奥特曼这类动画人物;祖辈家长画的大多数是四大名著和神话故事的人物形象,很多的人物形象都是从连环画里

爷爷奶奶小时候的洋片人物

爸爸妈妈小时候的洋片人物

来的。

从祖辈、父辈到我们的孩子的作品中可以看出，洋片画的风格不断在变化，爷爷奶奶那时候的连环画、书本基本上都是黑白的，到了爸爸妈妈这一代，有些是黑白、有些是彩色的了，而到了我们孩子这一代，色彩绚丽。洋片人物的形象、服饰、动作，都在不断地演变。

(一) 来自收集站的讨论

了解到了洋片的这么多种玩法以及洋片的故事，孩子们迫不及待地从家里带来了各种各样的洋片。这些五颜六色、各种图案的洋片吸引着孩子们的眼球，他们展开了有趣的讨论。通过他们的讨论，我大概知道了孩子们收集到的洋片大致是两类，一类是家里本身就有的，可能是哥哥姐姐玩过的；还有一类是买的，买的途径是通过淘宝或是文具店。

看，我收集到的洋片！

今天收集站里收集了这么多洋片，孩子们被五颜六色的洋片吸引住了，他们纷纷拿起洋片，试了试，三五成群地玩了起来。

既然孩子们对于收集到的洋片非常感兴趣，教师决定持续关注幼儿的兴趣，看看孩子们会有什么新的发现。

(二) 各种各样的洋片

1. 图案大不同

这一天晨间来园，孩子们在美工区里叽叽喳喳聊个不停，凑近了一听，原来，孩子们在讨论洋片上的图案呢。洋洋最先发现洋片上图案的不同，他告诉念雨这是赛罗奥特曼，并指着洋片上的数字说，还有赛罗奥特曼的攻击力和能量。

紧接着，其余的孩子们开始在洋片里寻找其他的图案。就像洋洋说的，洋片的图案有很多种，还都是孩子们耳熟能详的，有奥特曼、植物大战僵尸等等。

2. 形状大不同

就在这时，牛牛大声地喊道："快看，这里还有圆形的洋片。"旁边的孩子被牛牛的喊声吸引住，纷纷跑去他那儿看个究竟。

"不止有圆的呀，还有三角形的洋片呢。"紫涵说道。

紫涵的这句话，点燃了孩子们的兴趣，他们开始在美工区里翻箱倒柜。最后，他们找到了几种不同形状的洋片，分别是：圆形、三角形、长方形和正方形。霖霖还说要把家里的六边形洋片也带来教室。

3. 发现图案与形状之间的关系

第二天，霖霖带来了六边形的洋片，孩子们都围过来，想看个究竟。

"我的六边形洋片是不是很少见呀？我的图案不是奥特曼，也不是植物大战僵尸。"霖霖自豪地说。

孩子们对霖霖的洋片很是喜欢，奈何只有几张，只能过过眼瘾。眼尖的牛牛像发现新大陆似的大声说道："你们快来看呀，不同形状洋片上的图案本来就是不一样的呀。"

牛牛发现的这个秘密让孩子们着了魔般地继续研究着洋片，他们一边寻找洋片，一边开始不自觉地将洋片进行着分类。

和洋片玩分类游戏

4. 发现洋片集（洋片系列）

不一会儿，孩子们高兴地跑过来告诉我他们已经将所有的洋片都归类整理出来了，还告诉我他们发现了一个惊天的大秘密。还会有什么大秘密呢？我带着好奇，跟随孩子们来到了美工区的桌子旁。"潘老师，你快看，我们找到洋片的一家人啦。"妞妞高兴地说道。

还没等我反应过来，浩楠马上又接着说："这些就是它们的兄弟姐妹呀，它们是一家人。"我仔细一看，原来，孩子们将同一种类型的洋片都摆放在了一起。同时，他们还发现，同种类型的洋片有很多，但是每张洋片上的图案是不一样的。

这果然是个大秘密。

我连忙称赞孩子们的火眼金睛，他们还告诉我："这是植物大战僵尸洋片集。"我补充道："没错，老师小时候的洋片也是这样的，叫一系列洋片。"孩子们惊讶地点了点头。

5. 洋片上还有些什么？

过了一会儿，浩楠拿着一张圆形的洋片问道："咦，这个字是什么呀？"在一旁的妞妞马上回答道："就是僵尸的意思吧。"其余几个孩子也叽叽喳喳地说个不停。有的说这里有大字，有的说这里有小字……

随着对洋片的深入观察，孩子们的关注点不单单停留在洋片的花样上，他们还关注到了与洋片相关的一些文字和注解，可见孩子们的观察能力还是非常了得的。

【幼儿的经验与学习】

在刚开始探究洋片的图案以及形状之间的关系时，幼儿只是通过图案和形状将洋片进行简单的分类，并没有将形状与图案联系在一起。在多次观察和教师引导后，孩子们恍然大悟，原来一种形状的样片都是一个系列的，形状相同的洋片图案也会不同。除此之外，孩子们还发现了洋片上还有解释图案的文字。所以，洋片的图案与形状之间是存在一定关联的。在这一探究中，幼儿运用到了按照物体的特征进行简单的分类，将分类概念很好地运用到了游戏中。这也为之后设计洋片、制作洋片系列，做了很好的铺垫。同时，幼儿观察能力和思维能力得到了有效提升。

【教师的思考与支持】

幼儿将收集来的洋片进行分类整理时，教师懂得尊重幼儿，引导并鼓励幼儿去探究他们想要知道的问题。对于大班幼儿而言，探究是孩子们非常喜欢且热衷做的事情。在对洋片进行初步分类的过程中，教师引导幼儿将自己的发现记录下来，而后带领幼儿一起认真分辨，并允许幼儿发现错误，最终寻找到答案，这比单纯地告诉幼儿有意思得多。幼儿在这样的过程中，从欣喜到认真，是真正在做一件有意义的事情。

三、洋片怎么制作

（一）制作属于自己的洋片

有了前期对各种各样洋片的收集以及对洋片图案、形状的探究，孩子们也开始有想要自己尝试做洋片的想法。

1. 哪些材料可以做洋片？

面对孩子们想要自己制作洋片的想法，老师向孩子们提问道："你们觉得哪些材料可以用来做洋片呢？"问题刚刚抛出，孩子们就七嘴八舌地说了起来，小雨更是迫不及待地去美工区的收集站拿来了香烟盒、饼干盒、报纸、宣传单页等材料。

于是，孩子们展开了尝试，并一一做好记录。

做洋片的材料

开始做洋片啦！

在尝试中，小雨发现有些纸太软，不能做洋片，她认为这样的纸做出来的洋片是不能玩的。妞妞和嘻嘻发现了饼干盒、香烟壳这些有硬度的纸是适合做洋片的，她们还发现这些纸和购买来的洋片材质差不多。

2. 做什么形状的洋片？

要做什么形状的洋片呢？孩子们都有自己的想法。

小雨在班级里找来一个圆形的盖子，她说："我想做圆形的，可以用橡皮泥的盖子吗？"馨馨看到后马上明白了小雨的想法："这样沿着边照着画吗？"旁边的小伙伴也都觉得这个办法好。于是他们在班级里找了各种各样的参照物，准备做成爱心形、三角形、四边形、长方形的洋片。

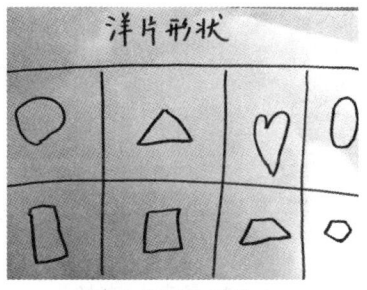

洋片的不同形状

3. 洋片上要画什么样的图案？

想好了要做什么形状的洋片，他们找来适合的材料开始画起来，画好后用剪刀剪。馨馨拿着剪好的洋片，又想到了一个新的问题："哈哈，洋片上还有图案的呀,我们再画一点图案好不好呀?"于是大家围绕在洋片上画什么样的图案开始讨论起来。牛牛想要画上奥特曼,嘻嘻想要画上最喜欢的爱莎公主,小雨想画上光头强,心语则想画上漂亮的花朵。

4. 制作属于自己的洋片

制作洋片的活动得到了全班幼儿的喜爱,每一个孩子都参与到了设计和制作洋片的活动中来,有的仔细设计,认真制作;有的制作了一张还想再制作一张;还有的在洋片上设计了许多图案……

孩子们化身为小小设计师,设计和制作着属于他们自己的洋片。

孩子们制作的洋片

【幼儿的经验与学习】

孩子们从观察洋片中发现了奥秘,并想要制作洋片。他们自发地从收集站、家里收集到了许多可以用来制作洋片的材料,这些材料的厚薄不一,于是,他们开始逐个验证,并逐一记录,最终寻找到了适宜做洋片的硬纸板。在这一过程中,幼儿经历了"猜测—尝试—验证"的过程,了解到了纸张的不同种类,知道了适宜做洋片的纸张是硬度稍微大一些的硬纸板。这一系列新经验的增长,是幼儿主动探究得来的,是属于幼儿自己的学习。

【教师的思考与支持】

幼儿的自主探究活动,来自于教师的支持。面对厚薄不一的纸张,教师支持并鼓励幼儿不断尝试。在尝试的过程中,有个别幼儿比较心急,教师循循诱导,告诉幼儿坚持、再尝试。对于大班幼儿而言,制作属于自己的、不同形状和不同图案的洋片也与《指南》艺术领域目标"喜欢进行艺术活动并大胆表现"所契合。在制作洋片过程中,幼儿能够迁移生活中自己喜欢的人物、场景等,并与形状相结合,是多种能力综合的体现。每位幼儿有了自己的专属洋片,在情感层面,幼儿一定也是非常喜悦和自豪的。

(二)制作洋片集

有了之前为自己做洋片和对洋片系列的发现,孩子们只要有空余的时间就在美工区里忙个不停,孩子们将自己想到的、喜欢的,用图画的方式表征在小小的洋片上。

1. 做洋片集

这天,孩子们跟往常一样在美工区里做洋片。

馨馨说:"心语,我们做的都是花朵洋片。"

艺博说:"那我和念雨做的都是奥特曼洋片,不过他是泰罗奥特曼,我是赛文奥特曼。"

老师说:"那你们去找一找和自己一个类型的洋片吧。"

我的建议得到了孩子们的响应,他们纷纷拿着自己手里的洋片去寻找"洋片伙伴"。艺博只找到了两个相同类型的奥特曼,他觉得电视里的奥特曼有很多,他要找好朋友一起做许多不同的奥特曼洋片。有的孩子喜欢小猪佩奇的故事,几个好朋友要一起制作"佩奇一家"的洋片集。

2. 可以选择什么样的主题?

每个孩子都有自己的想法,他们既要制作自己想要的洋片集,又要帮助好朋友完成他们的洋片集。嘻嘻说:"我这样太忙了,都来不及画画了。"老师看到后,和孩子展开了讨论,是每个人做一个洋片集,还是几个小朋友合作完成一个洋片集?孩子们觉得可以几个好朋友一起完成一个洋片集。那么要做什么主题的洋片集呢?

孩子们决定通过投票的方式来决定要制作的洋片集的主题。嘻嘻说:"我喜欢爱莎公主,我想做一套爱莎公主的洋片集。"彤彤说:"我喜欢海绵宝宝,那我做一套海绵宝宝的洋片集吧。"浩哲说:"我最喜欢光头强了,我想做一套熊出没大电影的洋片集。"还有小朋友提议要做"植物大战僵尸""小猪佩奇"等主题。

老师根据孩子的想法,把每个主题都记录下来,孩子们开始投票。最终,我们

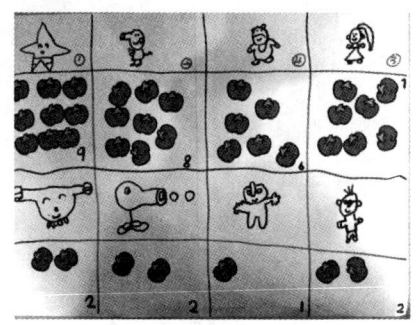

投票

以少数服从多数的原则，选出了最后胜出的四个洋片主题集："小猪佩奇""熊出没""海绵宝宝""爱莎公主"。

3. 怎么样做一本洋片集？

"海绵宝宝""小猪佩奇""熊出没""爱莎公主"四个主题最受孩子们的喜欢。哪个小组制作哪个主题的洋片，大家又有了分歧。最后在争论中，每组推选了一名小组长来选择主题，每名小组长说一说自己组选择的理由。

每个小组领取了任务后，小组长就开始分工。第一组的若帆说："玥玥，你的画画比较好，你来画，我来帮你剪洋片的形状吧。"

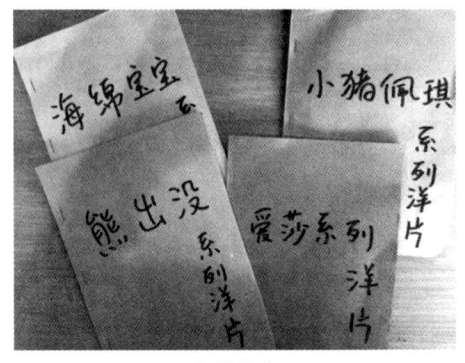

四本洋片集

玥玥说："好的呀，我们画爱莎，可不可以剪一个爱心的形状呀？"

第二组的浩哲说："小猪佩奇喜欢吃饼干，我们做圆形的洋片吧。"他的提议得到了小组其他成员的赞同，大家找圆形物品，寻找材料、准备工具，开始制作。

通过小组的合作，孩子们终于完成了洋片集的制作。浩哲小朋友看着制作完成的几张洋片又有了新的疑问："我们这个洋片集好像还缺点什么？"看了一会儿，他又去翻看班级里收集来的洋片，在对比中他发现了问题所在："我们收集到的洋片都有图案和文字，我们制作的洋片上只有图案。"其他人听他这么说，也都同意，于是孩子们请老师帮忙写下洋片的文字。

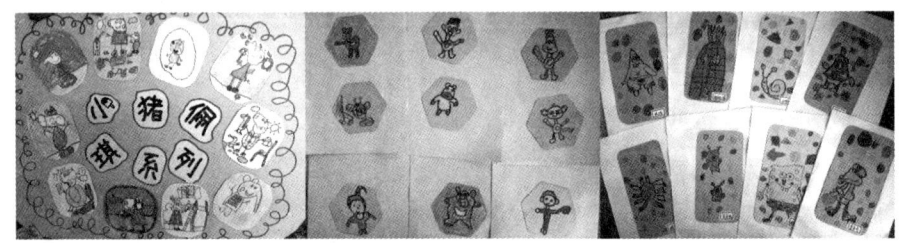

洋片集

【幼儿的经验与学习】

从制作专属洋片到制作洋片集，对孩子们来说，是一项非常大的挑战。

他们发现了自己制作的洋片和小伙伴之间是有差异的，于是用了分类的方法进行筛选，从而产生了制作洋片集的想法。洋片集制作的主题是什么？孩子们再次用到投票的方法来达成共识，共同选择四个主题。那么多孩子，到底怎样分组进行？孩子们迁移了数学活动中"两个一数"的概念，由此想到了可以两个组一个主题。在真正开始制作洋片集时，孩子们根据之前洋片形状与图案之间的关系，为每个主题设计了不同形状、不同人物的洋片，再将这些洋片组合在一起，就是孩子们心心念念的洋片集。在这个过程中，孩子们的协商能力、语言表达能力、合作能力、解决问题的能力都有了进一步的提高。

【教师的思考与支持】

幼儿在发现洋片与图案之间的规律后，产生了想要制作洋片集的想法，这与之前教师带领孩子们一起收集洋片故事有关，孩子们有了之前的经历，很自然有了要做洋片集的想法。教师非常珍惜孩子们的这一独特想法，经过反复思索，教师还将数学活动中图形、图案等概念穿插其中，让幼儿有意识地去发现图形与图案之间的关系。当然，制作的过程中，教师给予了幼儿非常大的空间，幼儿自由组合、相互商量，干得热火朝天。

（三）送给幼儿园的洋片集

制作完自己喜爱的主题洋片集之后，孩子们对洋片的热情不减，时不时会去主题墙看看他们的成果，也愿意将自己制作的洋片用于洋片游戏，仿佛想尝试更大规模的洋片集。

1. 做一本送给幼儿园的洋片集

还有一个多月孩子们就要从幼儿园毕业了，最近大家开始聊到毕业了要去上小学的话题。许多孩子表示不舍得离开幼儿园，不舍得离开老师，他们要在毕业的时候，送给幼儿园一份集体礼物。在制作洋片的热情中，孩子们自然而然地想到要送一本洋片集给幼儿园。那要做一本什么样的洋片集呢？这个问题成了孩子们最关注的事情。

一天，老师和孩子们聊起"你最喜欢幼儿园的什么"这个话题，给孩子们带来了制作洋片的思路。

牛牛说："我最喜欢幼儿园的百草园，那里有我喜欢的小羊、小兔子。"

嘻嘻说："我最喜欢体能区的滑滑梯，真是太好玩啦。"

若帆说:"我最喜欢幼儿园的老师和阿姨。"

玥玥说:"我最喜欢幼儿园的大鸡腿,真好吃。"

俊杰说:"我最喜欢幼儿园的小床,太舒服了。"

大家热烈地讨论着,于是想到把这些大家都喜欢的东西画下来,制作成一本幼儿园洋片集。

2. 一起来分类(尝试多种分类方法)

孩子们的幼儿园洋片集很快做好了,远比我想象的要有意思,他们不但画了自己喜欢的东西,还将洋片剪成了形状不一、大小不一的样子。

在制作初期孩子们没有整体的规划,大家制作的洋片形状不一样,使用的绘画材料不一样,洋片的底色也不一样,这样各不相同的洋片要组成一个合集,似乎有些杂乱,于是孩子们开始了分类。有孩子说要按照形状来分,有的孩子说按照大小来分,还有的孩子说要按照画的内容把相似的分在一起。

在分的时候,孩子们又发现了问题,比如:小羊的和小兔的洋片形状不一样,颜色也不同,但它们属于内容相似。他们发现了许多洋片的特征是交叉重合的,不能按一个特征来分类,于是就按两种特征来分类。

3. 把洋片集介绍给弟弟妹妹

这本洋片集作为我们班级送给幼儿园的毕业礼物,孩子们特别珍惜。他们还想到要把这些洋片介绍给弟弟妹妹听,于是他们分成几个小组,分别到中班、小班,去向弟弟妹妹介绍他们制作的洋片集。

送给幼儿园的洋片集

牛牛来到小六班,她一手翻着洋片集,一手指着里面的洋片图案,介绍道:"这是我画的小羊的洋片,因为我最喜欢百草园的小羊,我也最舍不得它。"

嘻嘻来到中五班,她带着自豪和不舍的语气,对弟弟妹妹说:"我画的是滑滑梯洋片,我最舍不得幼儿园的滑滑梯,因为上了小学就没有滑滑梯玩了。"

孩子们把这本洋片集介绍给幼儿园的每一位弟弟妹妹,最后将洋片集放到幼儿园的民间游戏馆的书架上。每一位来民间游戏馆体验游戏的孩子和老师,都能看到大二班的孩子们制作的这本送给幼儿园的洋片集。

【幼儿的经验与学习】

临近毕业，孩子们有了制作洋片集送给幼儿园的想法。制作什么主题呢？这点难住了他们，结合"毕业啦"主题活动中开展的"与幼儿园告别"活动，他们将幼儿园的一草一物都藏在了洋片里，小小的洋片饱含着他们对幼儿园的不舍。在制作幼儿园洋片集的过程中，幼儿思考、讨论，有许多小点子在他们的脑海里迸发，幼儿的语言能力、思维能力、想象能力不断创新；真正开始动手制作时，幼儿的精细动作、动手能力也不断提高。

【教师的思考与支持】

为幼儿园制作洋片集也是孩子们的想法，教师能做的是引导他们将"五花八门"的洋片按物体的特征分类。在分类中，教师将洋片与数学活动中的集合的概念相结合，给孩子们带去了一个生动有趣的活动。他们仔细地分辨、认真地筛选、严谨地复查，最终做出判断。从收集洋片到为幼儿园制作洋片集，虽然只有短短的一个月时间，但在这短短的一个月时间里，孩子们发现了洋片的奥秘，也跟随着洋片的奥秘展开了制作洋片集的活动。当他们提出要为幼儿园制作洋片集时，老师有些惊讶，孩子们的小小思绪不可忽视，就像陶行知先生说的："人人都说小孩子小，谁知人小心不小。"

故事解读

《洋片的故事》是一个集游戏、收集、制作、赠予为一体的完整故事。整个活动中幼儿的体验是丰富的，有模仿游戏、创意游戏，有收纳、整理、比较，有单一的制作，有合作分工的制作，有付出和收获。在这个完整的课程故事中，教师和儿童建立起相互尊重的关系，教师将儿童引入真实而有意义的关系情境中。皮亚杰认为儿童在有意义的关系情境下学习，这种有意义的关系情境是建构逻辑思维的必要条件。该故事充分体现了教师如何通过支持、引导，帮助幼儿与课程资源之间建立深层的联系，教师意识到建立联系是儿童学习的关键。教师能够意识到"关系"在儿童发展中的重要性，并为他们创设有利于交流的环境。这个故事里，孩子与洋片建立起的关系是多元的，而通过洋片与同伴、家长，甚至是洋片中的形象建立的关系也是真实而有效的。

在收集洋片的过程中，教师引导幼儿关注不同时代的洋片，将幼儿与洋片的关系引向幼儿与人的联系。父母、祖辈他们接触的是不同的洋片，喜爱不同的动画形象。在洋片制作过程中，单一的洋片制作是幼儿与自己喜欢的形象建立联系，而集体制作一个合集时，一个体系的故事人物形象就与幼儿建立起联系。幼儿可以在寻找、讨论、绘画等过程中体验一个人物与另一个人物之间的关系。

幼儿的学习正是将各种接触的信息、发生在身边的教育实践，建立多通道的联系。本故事中教师不单能将幼儿身边的各种可以接触的信息运用起来，还能跨越时空，将过去、将来的信息以幼儿能理解的方式建立起连接。过去的信息是祖辈家长、父辈家长和教师共同给予的，将来的信息是孩子和老师共同畅想的，送给幼儿园弟弟妹妹的礼物，就是给未来的自己与幼儿园建立了联系。

因为教师对于建立关系的用心，才能让我们看到故事中幼儿的投入，以及他们的表达和成长，这应该就是幼儿送给幼儿园最好的毕业礼物。同时，在追随幼儿兴趣，制作他们熟悉的幼儿园场景洋片集时，可以将幼儿关注的物品引向关注的人，例如将自己的形象、喜欢的老师的形象呈现到洋片集上，在情感的表达上，对于即将分离的这个集体更有纪念意义。

（故事记录人：潘学琴）

我是高跷王

故事缘起

孩子们在中班的时候就已经会踩塑料的拉线高跷了。刚升入大班的一天早上,天远小朋友来到玩具自选区域,他发现了靠墙的地方有一排奇怪的彩色木棍。他把这个发现告诉了同伴们,于是一群孩子围着这排彩色木棍议论了起来。

菲菲指着木棍下段凸出来的一块三角形说道:"这根棍子好奇怪,多了一块怎么玩?"

小益手里拿了一根木棍举起来看了看,对准天远来了一个瞄准的姿势:"这是枪吧?"说完还配合着"啪啪啪"声做了几个射击的动作。

龙龙把木棍斜放在地上,一脚跨上去,他说:"这是大马。"嘴上还嘟囔着"驾驾……",小朋友看了都哄笑起来。

书艺说:"这是高跷,我在《小猪变形记》里看到小猪玩的。"他学着书里小猪的样子,试着踩上去,刚上去就摔下来。小朋友们都来试一试,没有人成功。

面对这些传统的高跷,孩子们会喜欢玩吗?他们对这个民间游戏玩具感兴趣吗?

高跷俗称缚柴脚,亦称"踏高跷""扎高脚""走高腿",是民间盛行的一种群众性技艺表演。高跷一般用1至3尺长的条木制成,上有木托。表演的人将双脚分别绑在木棍上,化装成各种人物,一人或多人来往逗舞,由唢呐伴奏,表演有趣的动作或故事。踩高跷表演技艺性强,形式活泼多样,深受群众喜爱。

一、玩不同的高跷

(一) 各种各样的高跷

1. 高跷到底是什么样的呢?

回到了教室,孩子们还在讨论新来的玩具到底是不是高跷。

大部分孩子认为不是,他们的理由有两个:一是没有拉绳怎么走;二是这么高这么长是站不住的。

少部分的孩子认为这就是高跷,他们的理由也有两个:一是新玩具和图画书上小猪的高跷是一样的,没有拉绳可以像小猪那样玩;二是本领大的人,比如老师或者爸爸妈妈可以玩又高又长的高跷。

孩子们特意邀请我们两位老师来走走看,由于没有练习过,掌握不了平衡点,我们两位老师基本上走一步或者两步就以失败告终。对于这个结果,孩子们有些失望,不过他们依然坚持自己的观点,在互相不能说服对方的情况下,他们决定回家问问爸爸妈妈,让大人帮忙寻找答案。

第二天,孩子们一早到幼儿园就开始谈论起来。他们通过百度搜索、淘宝寻找、询问家长等方式发现原来有很多种不同的高跷:有塑料做的脚印高跷、木头做的长棍高跷、竹筒做的拉绳高跷、踩在脚底下的条木高跷,甚至还找到了和新玩具一样的高跷。

在交流中,大家了解到了很多有关高跷的信息,也终于认同了新玩具是长棍高跷。

认识长棍高跷

2. 做个自己的高跷

在讨论调查中孩子们认识了各种各样的高跷。一天,他们萌发了要制作高跷的想法,因为高跷不够多,有的孩子玩不到。

天远拿来了两个奶粉罐,请我帮忙穿上绳子,并告诉大家他要自己做一个高跷。

完成后，他迫不及待地上去试试，可是刚向前走一步就摔下来。他再上去试试，依然不稳，小朋友们都热心地帮他找原因。

龙龙认为奶粉罐不好，大小、粗细不一样，要一样的才行，他找来了完全相同的两个奶粉罐尝试，果然能够平稳地前行。

原来两个高跷的高度要一样才能够平稳，天远和龙龙把这个发现记下来，并告诉准备做高跷的小伙伴。

看到同伴做出了自己的高跷，大家制作高跷的兴趣更浓了。除了奶粉罐，幼儿园里还有什么材料也可以制作高跷？在老师的提问下，孩子们七嘴八舌地说起了各种材料，有说用纸筒，有说用积木，还有的说用可乐罐……

大家在班级里四处寻找，甚至走出班级，在幼儿园里到处寻找。有的孩子发现了户外建构区的毛纱桶，它们的大小、高矮都是一样的，正是孩子们需要的制作高跷的材料；有的孩子发现木工坊里有木头，有些木头大小一样，也是可以制作高跷的；还有的孩子从家里找来了同一种易拉罐、牛奶罐等等。

制作高跷的材料找到了，接下来就可以大干一场了。孩子们想制作什么样的高跷呢？在认识了多种高跷后，设计图很快就在孩子们的手中诞生了。他们开始制作属于自己的高跷，有的和同伴合作，有的在家里和爸爸妈妈一起完成。

一个星期下来，班级里积累了许多高低不同、材料不一的自制高跷。

3. 给高跷分类

孩子们看着自己制作的高跷，很是满足。他们把班级里的高跷拿到了户外自选区，可在如何摆放的问题上犯了难。如果堆放在一起的话，既找不到自己喜欢的，也容易让高跷打结在一起。

大家决定给高跷进行分类。可是怎么分？这么多高跷颜色、材料和外形都是不同的！有的孩子提出，可以将高跷按照有绳子的和没有绳子的进行分类；有的孩子觉得这样不是很整齐，因为高跷的材料是不同的，应该根据材料进行分类，比如木头一类、奶粉罐一类、竹子一类；还有的孩子觉得可以按照高跷的高矮进行分类。

孩子们的意见不一致，于是大家轮流来给高跷分类，摆放整齐，看看谁的分类方法更实用，更受小朋友的欢迎。

第一次按照高跷的材料进行分类；第二次按照是否有绳进行分类；第三次按照高矮进行分类……果然，分类摆好的高跷看起来很整齐，大家取用的时候也很方便。看着大家的分类摆放成果，孩子们都很满意。为了便于取放，他们还用不同的彩色粘贴纸做上标记。

给高跷分类

【幼儿的经验与学习】

通过多种途径的调查和寻找，幼儿发现了高跷的多样性，对于高跷有了新的认识，了解了不同高跷的特征，并且能根据特征寻找到适宜的材料进行自制。在自制的过程中，有同伴合作，也有亲子合作，这都体现了他们的合作能力很强。当看到自己的高跷制作完成后，他们体验到了成功感，还大方地把自制的高跷投放到户外公共区域，分享给更多的小朋友。在给高跷分类摆放时，他们在观察和比较中发现了高跷的异同点，并根据高跷的某一特征进行分类，有的孩子甚至统计了每一种高跷的数量。可见孩子们已经具备更高水平的分类和统计能力。在分类的过程中，他们还进一步感知了集合，促进了他们思维能力的发展。

【教师的思考与支持】

踩高跷是传统的民间游戏之一，通常用于节庆假日的庆祝活动，幼儿园常用的游戏器材是提线高跷。长棍高跷在幼儿的生活中很少见，孩子们并不了解，但正因为不了解，他们才有着很强的好奇心。教师及时捕捉到幼儿的兴趣，组织幼儿就观察到的现象和探究的结果展开讨论、交流，引导幼儿分析观察。当幼儿的分析出现错误时，也没有立即给予纠正，而是把问题抛还给幼儿，鼓励他们用自己的方式去解决。当幼儿了解了高跷以后，他们提出要制作高跷，用什么材料来制作呢？教师还是没有直接给予答案，继续让幼儿通过亲身体验、实际操作来感受什么材料适宜。在此过程中，教师始终以引导的方式让幼儿在找一找、比一比、做一做、分一分中了解高跷的外形特征、材料及其玩法，使幼儿在操作实践中加深对高跷的了解，激发幼儿探索的欲望。

（二）长棍高跷好难啊

户外游戏时，大部分孩子都选择了平稳低矮的拉绳高跷，他们踩着高跷在场地上跑来跑去，追逐笑闹。而少部分孩子选择的是彩色的长棍高跷，他们两只手分别握住一根长棍，尝试着把两只脚分别架上去，向前走几步，可是基本上都以失败告终。我帮这些孩子扶住高跷让他们站上去并向前走，一旦放手就失败，孩子们纷纷表示：这个长棍高跷太难了。

拉绳高跷真好玩

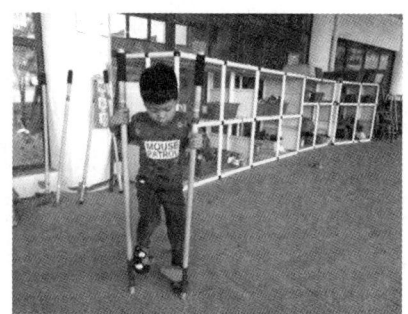
长棍高跷好难呀

（三）走牛奶罐高跷怎么会不稳

朵朵和睿睿一起玩高跷，他们一个拿奶粉罐高跷，一个拿牛奶罐高跷，睿睿走得又快又稳，朵朵赶紧踩着高跷跟上去，可是她发现只要稍微快一点就会掉下来。于是两个人交换高跷，这次朵朵也是走得又快又好，睿睿却总是停下来调整。他们觉得很奇怪，把两副高跷放在一起比一比，发现原来奶粉罐又大又粗所以走得稳，牛奶罐又细又小所以容易摔跤（不稳）。

第二次游戏时，大部分孩子选择的是自己自制的拉绳高跷。自制高跷的高矮、材料都是不同的，相对于低矮平稳的拉绳高跷来说有一定的难度，但是又比长棍高跷要简单，对孩子们来说具有一定的挑战性。

（四）竹子长棍高跷和木头长棍高跷一样吗

几次游戏后，孩子们选择了各种高跷，只有彩色长棍高跷没有人玩。
"为什么不玩木头长棍高跷？"孩子们纷纷表示那个太难了。

"木头长棍高跷和竹子长棍高跷一样吗？"他们觉得竹子长棍高跷更好走，而且站在上面更稳。

"为什么都是长棍高跷，走起来却不一样呢？"在经过比较后，孩子们发现竹子高跷的底部比较粗，站上去更稳，木头高跷底部太细所以不稳，走起来容易摔跤。

竹子长棍高跷和木头长棍高跷

（五）发现高跷里的秘密

孩子们越来越喜欢玩高跷，经常聚在一起讨论高跷，争论哪一种高跷更好走。他们把高跷按照难易程度进行排名，当发生争论的时候，就找几个小伙伴一起去验证到底哪一种更好走。为了帮助孩子更清楚地认识高跷，我把每一种高跷拿出一份请孩子们按照它们的排名进行摆放，这样孩子们能更直观地发现：原来高跷的平稳和

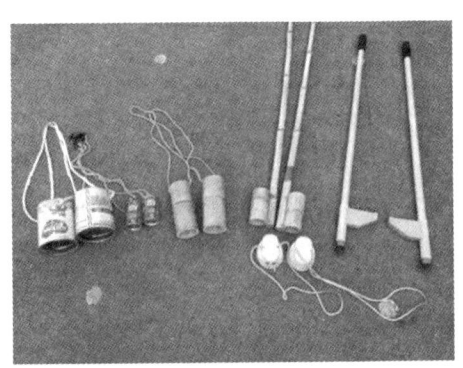

发现高跷里的秘密

高跷的粗细及高矮有关，底部越粗越平稳，同时矮的比高的也更平稳。

【幼儿的经验与学习】

初次游戏孩子们选择材料从视觉出发，他们更喜欢色彩鲜艳、外表精致的材料。随着游戏次数越来越多，他们开始尝试各种高跷，在尝试中他们发现不同的高跷玩法是不同的，难易程度也不同，从而初步感知了高度和重心的关系及重心位置不同所带来的乐趣。在感知和理解事物"量"的同时他们也会运用相应的词汇来描述这些特征，如粗细、高矮等。此外在尝试不同高跷的过程中，他们能根据自己的水平选择适合自己的高跷，在实践比较中发现了稳定性与高跷自身之间的关系，可以看出幼儿的整个探索过程是积极主动的，并且也可以看出他们的平衡能力在逐步提升。

【教师的思考与支持】

游戏的过程就是幼儿学习的过程。在游戏中，他们发现高跷的平稳性不仅与高跷的高度有关，还与高跷的粗细（即与地面的接触面积）有关。与地面接触面积越大，高跷越稳，而较细的高跷与地面接触面积小，就容易摔跤（不稳）。这是一个幼儿自由游戏、自主探索的过程，而教师只是在恰当的时机将问题抛给幼儿，给幼儿充分的探索空间与时间。

二、我要做高跷王

孩子们踩高跷的本领越来越高，就连最不稳的长棍高跷也能走一段了，经常会有几个小朋友在一起比赛，看谁走得好、走得快。大家决定进行一场高跷比赛，看看谁是最厉害的高跷王。

（一）赛前准备

1. 什么时候比赛——确定比赛时间

"我们什么时候比赛呢？"大家经过讨论后决定，要选择天气晴朗、小朋友都在的日子开展比赛。在观看天气预报后发现本周五天气晴朗，而且孩子们都觉得自己这一天能够准时参加，于是将本周五定为"高跷王比赛日"。他们为了清楚地知道比赛日期，特地请我在白纸上写了"星期"两个字，萌萌在后面写上一、二、三、四、五，并在"五"后面画上一个红旗，又在"一"和"二"上画个圈圈，表示这两天都过了。这样的记录一目了然，我对孩子们想出的办法也大加赞赏。

2. 在哪里比赛——确定比赛地点

关于比赛的地点，孩子们都有自己的想法。在考察完幼儿园所有的场地后，他们决定在做操的大操场上进行比赛，因为那里地方大，而且游戏材料都在附近，方便运送，但是具体在操场的哪个地方又发生了争执。有的孩子提出可以在跑道上开展，跑道长度一样，适合比赛。有的孩子则觉得跑道太小（窄），容纳的人数太少，不适合全班比赛。"操场这么大，我们把哪里作为起点，哪里作为终点合适呢？"经过讨论，大家决定以第一条跑道线为起点，沿着跑道线向前数10个点（站位）作为终点，这样就解决了我们刚才遇到的问题。

在选择场地时,虽然我也思考过跑道作为操场上最显眼的一部分,被选中的可能性非常大,可是跑道毕竟窄小,我们该以何种形式来进行活动?但是我还是放手让孩子自己来决定。在他们一次次的讨论中,我发现孩子们会提出许多自己的想法,会用复杂的语句表述自己的观点,能认真倾听同伴的话,对于好的观点会给予认可,并且把以往的经验充分地运用起来,比如他们知道每往前走一个点就是一米,这个经验源于扔沙包,"扔 5 米合格,需要往前数 5 个点,10 米肯定就是 10 个点"。

3. 制作比赛计划书

我发现孩子们特别期待"高跷王比赛",他们总是在讨论比赛的话题,每天都会去数一数还有几天开始,自己要准备什么。为了给孩子留下一个完整的回忆体验,我特意制作了高跷比赛故事书展板,孩子们自由结伴记下自己的比赛故事,内容包括故事书封面、比赛时间、地点、比赛内容等等,虽然内容大致相同,但是他们还是很喜欢翻看小伙伴的故事书,讲一讲自己的故事,他们都说:"我肯定是高跷王!"

幼儿的比赛计划书

【幼儿的经验与学习】

从孩子们讨论比赛时间的对话中,能感受到这是一帮能尊重他人、会商量、会妥协、会接纳他人意见的孩子。他们做事非常有计划,从比赛计划书到商量场地都能看得出来。在确定比赛场地的长度时,我们可以感知到他们对于距离的认知,是以某个明显的标记为参照物的。他们在已有经验的基础上以点为测量工具,得出 10 个点就是 10 米,并从起点直线出发进行验证,从而证实自己的猜测。在日常生活中,孩子们很喜欢用记录的方式来表达自己的想法,他们记录的内容比较简单,但可以看出他们的比赛计划书内容丰富、全面,记录的形式也比较有趣,可见幼儿已经具备一定的前书写能力。

【教师的思考与支持】

《纲要》指出：引导幼儿对周围环境中的数、量、形，时间和空间等现象产生兴趣，建构初步的数概念。这里强调了生活情境在数学教学中的作用。幼儿通过扔沙包活动，感受了距离的长短，同时把这个经验迁移到高跷游戏中，在不经意中轻松地运用已有的数学知识去解决简单的问题，不仅学到了数学知识和技能，还学会了解决问题的方法与途径，体验了数学的重要和有趣。计划书不仅帮助幼儿梳理了高跷比赛的流程，也激发幼儿参与的积极性。在此基础上，教师还可以引导幼儿自制图画书《挑战高跷王》，将幼儿的计划书、比赛过程及结果都收录进来，成为一本幼儿自己的图画书。

（二）确定比赛项目

1. 一样的高跷怎么比

"怎样才能知道谁是最厉害的高跷王？"大家一致认为肯定是走得最快的那个。"如果中途掉下来怎么办？""如果大家一样快怎么办？"经过讨论，孩子们制订了比赛规则：1. 速度最快的为高跷王；2. 中途落地必须原路返回重新开始。

2. 不同类型的高跷怎么比——辅助材料的运用

有的孩子认为拉绳的脚印高跷太简单了，即使又快又好也不能当高跷王。"高跷的难度不一样，如果按照速度来比赛是不公平的，怎么办？"

孩子们提出："可以把简单的高跷变得难一点！""可以像通关游戏一样闯关！"洋洋说："我知道了，让高跷钻山洞。"萌萌说："可以通过大桥不能掉下来，用平衡木当桥。"辰辰说："还可以用轮胎当小船。"他们把能想到的障碍物说了个遍。我提出："每一种高跷都要设置通关障碍吗？"经过讨论，孩子们根据高跷的难易程度分为三组：难度最低的障碍要难一点（如设置平衡木，钻山洞，跨轮胎等），难度适中的障碍适中（过梯子，走过间距较小的筒子等），难度最高的则没有障碍。

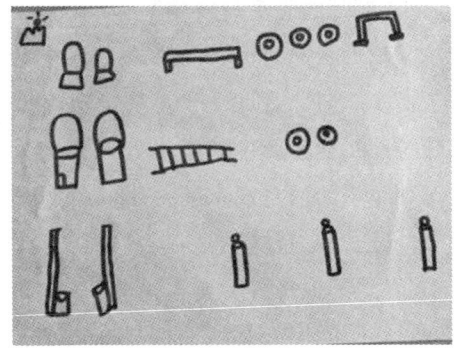

设计比赛辅助材料

3. 这样比公平吗？——规则细化

对于设置通关障碍，大家非常热衷，聚在一起讨论很久，还设计了通关图纸。有的孩子认为这样比还是不公平：因为最难的是木头高跷，会的人很少，走起来很慢而且容易掉下来，虽然不设置障碍物，要想赢还是会很难。大家都认同这个说法。"怎样比才能更公平？"有的幼儿提出：木头高跷从起点到终点，我们可以给两个贴纸，其他高跷给一个。这个说法得到了所有孩子的认同，最后大家决定难度最高的木头高跷从起点走到终点可以得到两枚贴纸，其他的都是一枚，最后看谁的贴纸多，谁就是高跷王。

【幼儿的经验与学习】

对于比赛孩子们还是有一定的经验，但是由于材料的多样化，在原有规则的基础上他们进行了更加深入的探讨。相同的距离，难易程度不同的材料，用速度来衡量比赛显然已经不太适合，孩子运用各种材料来增加游戏的难度，他们根据高跷的难易程度将材料分为三种，并根据每种材料自身的特点设置障碍，以平衡不同材料比赛的难度。从他们的讨论中可以看出他们能与同伴协商制订比赛规则，并注重比赛的公平性。从他们设置障碍的过程中，可以了解到他们对于材料的熟悉度，并能创造性地运用这些辅助材料让比赛更加有趣。在多次的协商规则中，有孩子提出了异议，他们没有忽视其他孩子的想法，而是接纳了意见并且再次完善游戏规则，增加了贴纸，并规定贴纸多为胜，比起单纯的比速度，这样的比赛规则更加复杂和具体。可以发现他们的协商能力及制订规则能力在逐步提高。

【教师的思考与支持】

辅助材料的运用是高跷游戏中的一个亮点，幼儿以通关游戏为原型设计了高跷障碍，更进一步发展了幼儿的平衡能力，同时也增加了游戏的趣味性，随着幼儿能力的不断提高，教师鼓励幼儿进行创造性游戏，并引导他们逐渐增加障碍物的难度来支持他们向更高水平发展。

（三）高跷比赛

1. 场地布置

转眼间周五就到了，萌萌一进教室就提醒我："老师，今天我们要比赛高跷王，是不是要把比赛的东西都拿出来呀？"我点头同意，她领着小伙伴拿着障碍设置图向操场走去。孩子们先是自由结对去准备各种材料，有的去搬平衡木，有的搬梯子和轮胎，还有的把各种高跷都准备好并摆放整齐。在确定了起点和终点后，开始对照图纸设置障碍，同时将相对应的高跷放在起点上，并在终点线上插上红旗，比赛就这样开始了。

场地布置

2. 比赛进行时

比赛开始啦！为了高跷王的称号，孩子们都在认真努力地挑战每一个项目。曦曦踩着高跷在独木桥上慢慢往前挪动，乐乐赶紧上前扶住："别怕，我扶着你。"通过轮胎的时候辰辰的两只脚总是都要放在同一个地方然后才能向前进。睿睿告诉他："你像我这样，脚分开一前一后很快就能通过了。"辰辰用了睿睿的方法果然快了很多。萌萌挑战的是平地长棍高跷，她走了几次后又拿来一些呼啦圈放在地上，尝试着障碍走高跷，她说："我要让自己更厉害一点！"

就这样，大家都积极地参与比赛活动，拿到贴纸的孩子小心地将贴纸放进自己的口袋，然后又接着挑战另一种高跷。

比赛进行时

3. 赛后分享

回到教室后来不及喝水，孩子们就迫不及待地统计自己的贴纸数，并把数字记录在白板上。最多的是 11 个，最少的只有 2 个贴纸，但是无论多少，他们都是神采飞扬，叽叽喳喳地谈论着比赛的趣事。

根据贴纸数，他们选出了今天的高跷王——萌萌。在孩子们热烈的掌声中，萌萌的小脸红红的，激动得想笑又不好意思笑，每一个孩子都对她竖起了大拇指。最后我们还请了高跷王给大家说一说怎样才能拿到更多的贴纸：走得快一点，不怕摔跤，不在路上耽误时间，勇敢地挑战每一种高跷。听了萌萌的话，大家又开始摩拳擦掌地期待着下次的比赛。

赛后分享

【幼儿的经验与学习】

在整个比赛过程中，孩子们从布置场地到赛后分享，都表现出良好的团队合作精神，如分工合作、主动承担任务、相互学习等。可以看出他们的目标很明确，知道自己要完成一个怎样的任务，并努力克服困难，达到预期目标。在比赛中，孩子们相互帮助，把自己好的经验分享给同伴，鼓励同伴。这样和谐、互助的氛围很让人感动。在分享统计时，他们善于总结自己的行为，为下次游戏积累了有益经验，形成了良好的学习品质。

【教师的思考与支持】

踩高跷是一种传统的民间游戏活动，高跷经过不断地改进，成为适合幼儿的游戏材料，幼儿在获得技能、技巧发展的同时，还弘扬了传统的民族文化。从幼儿发现不一样的高跷起，他们进行了一系列的探索活动，随着活动的深入，我们的高跷游戏逐渐成熟和完善。幼儿也在此过程中学会了分类、统计、合作等等，他们的平衡能力、创新能力、人际交往能力等都有了明显的提升。我们应努力为幼儿创设温暖、关爱、平等的集体生活氛围，建立良好的师生关系和同伴关系，让幼儿在积极健康的人际关系中获得安全感和信任感，发展自信和自尊，在良好的社会环境及文化的熏陶中探索学习，形成受益终身的学习态度和能力。

故事解读

《我是高跷王》课程故事中处处渗透着儿童的创新精神，他们自己创造性地制作高跷，他们自己创造性地制订比赛规则、组织比赛活动。正如陶行知先生说的："处处是创造之地，天天是创造之时，人人是创造之人。"虽然儿童的创造看起来是微乎其微的，他们的创造是源于模仿而来，但是就如先生说的："像屋檐水一样，一点一滴，滴穿阶沿石。点滴的创造固不如整体的创造，但不要轻视点滴的创造而不为，呆望着大创造从天而降。"《我是高跷王》故事中的教师深受陶行知创造教育思想的影响，对于儿童的创造行为，采取的是鼓励、支持与赞扬的态度。教师对于儿童的好奇、好动是有目的的引导的，在引导过程中，教师能充分意识到儿童所开展活动的价值，充分认识到儿童的自身力量。

认同儿童活动的价值。在制作高跷的活动中，幼儿能力有限，他们会使用的工具和运用到的材料，使得他们制作的高跷并不能很好地运用到运动中去。但是教师不因为这些原因，阻止或者打击儿童自己设计、制作高跷的热情，反而给予儿童充分的肯定，在制作材料上，在工具使用上给予更多的协助。鼓励幼儿创造性地设计他们的高跷，协助他们完成设计制作任务，鼓励支持他们去改进设计和制作。

认识儿童的无限力量。教师在面对儿童挑战长棍高跷屡屡失败的情况时，给予儿童更多的活动空间和时间，让儿童在挑战中发挥自己的力量。同时教师还鼓励班级里运动能力较差的儿童向同伴学习，相信每一位儿童都有自己无限的力量，去完成不同的挑战。在幼儿自己制订比赛规则，布置比赛场地，组织比赛活动中，教师也是运用陶先生的"六大解放"思想，解放儿童的创造力，发现儿童的创造力，认识儿童的创造力，还进一步把创造力激发出来。陶先生还指出，创造力最能发挥的条件是民主。在《我是高跷王》课程故事里，我们可以看到一个体现民主的班集体，每一位儿童在这个集体中，都有均等的活动机会，他们都在为这个集体的活动创造性地贡献自己的想法和行动。

这个课程故事中，儿童除了创造力的发展外，还获得了运动、交往等方面的关键经验。在课程故事的记录和分享中，教师可以将这个故事分成几个部分与儿童、家长等进行交流，听听这个故事的参与者们的想法和建议，在类似的活动中改进和完善教育行为。

（故事记录人：刘小娟）

抬花轿

故事缘起

国庆长假过后,婚礼成为孩子们津津乐道的话题。"我昨天去喝喜酒了,新娘穿着红衣服,盖着红盖头,非常漂亮!"雨萱兴奋地说道。"我在电视里看到古时候的人结婚还抬轿子。"其他小朋友也纷纷描述自己见过的婚礼。

晨间户外活动时,雨萱、妞妞和一一三个人玩起了"抬花轿"的游戏,只见雨萱先用右手握住自己的左腕,再用左手握住妞妞的右腕,两人四手联结做成一个花轿,然后两人一起蹲下来,叫一一小朋友来坐花轿:"一一,你快上来!"只见一一将两只脚分别伸进了他们的两臂间。正当他们准备起身时,一旁看热闹的诺涵把自己脖子上的丝巾拿下来,盖在了一一的头上。旁边一群小伙伴边拍手边喊着:"新娘来啦,新娘来啦!"

打扮新娘

一、我知道的中国婚礼

自由活动时,雨萱发现图书角里有《老鼠娶亲》的绘本,赶紧邀请几个小伙伴一起观看。在翻阅绘本的同时,孩子们踊跃分享着自己对"婚礼"的认知。

(一)婚礼上新娘的打扮

"看老鼠新娘戴着漂亮的帽子,上

看绘本故事

面有好多珍珠，好漂亮。"陈爽被封面上美丽的老鼠新娘吸引了。"她还穿着红色的婚纱。""那是旗袍，不是婚纱。"两个人对新娘的服饰产生了争执，便跑过来问我。"新娘穿的红色衣服在古时叫霞帔。迎亲的当天，新娘一般都穿大红服饰。她头上戴的帽子叫凤冠。"我解释道。

（二）婚礼上的人和物

翻到老鼠摆宴的那一页时，妙妙感慨道："老鼠结婚也那么热闹呀？你们看，有那么多那么多的老鼠！""因为结婚的时候，新郎新娘的亲戚朋友都要来参加。"旁边的陆诺涵说道。"还有摄影师帮忙拍照和录像。""还有敲锣打鼓的，和图片上一样。"孩子们一下打开了话匣子，纷纷述说着。

看着孩子们兴奋地讨论着，我也忍不住加入了进去："结婚是件大事，所以会有很多人赶来为新娘新郎送上祝福。除了来这么多人，你们知道婚礼上还要吃什么吗？"一谈到吃的，丁硕乐开了花："有蹄髈、鸡、鸭、鱼等等各种好吃的，还会发糖吃。""那你知道为什么要吃这些吗？"在我的追问下，丁硕一下子懵了，摇了摇头。我解释道："其实一场婚宴的菜是有讲究的，鸡和鱼是必不可少的菜肴。鸡代表了吉祥如意，鱼代表年年有余，糖代表甜甜蜜蜜，枣子代表……""早生贵子！我妈妈跟我说的。"还没等我说完，雨萱迫不及待地喊道。

（三）婚礼上的其他习俗

"老师，我还看到新娘新郎绕着火堆走，这是为什么？""我姑姑结婚时，还去放鱼了。为什么要放掉？"更多的问题接踵而至。为了满足孩子们的好奇心，同时丰富幼儿的民俗知识，我决定带孩子们继续深入调查。我们决定设计一份调查表。经过讨论，调查表设置了"婚礼的准备""婚礼的流程""婚礼的习俗""古今婚礼对比"等问题，让孩子和父母共同完成对中国传统婚礼的调查。

【幼儿的经验与学习】

一次简单的小朋友之间关于参加婚礼的分享交流活动，让他们联想到了平日里经常玩的"抬花轿"游戏，并非常巧合地发现了阅读区的绘本《老鼠娶亲》，他们开始从绘本里寻找"娶新娘"还有哪些有趣的事情。在阅读绘本的过程中幼儿不仅仅是看到绘本里描绘的内容，而且还边阅读边讲述着自己对"婚礼"的理解，并且发现了古代婚礼与现代婚礼的相同与不同，丰富了认知，同时也提高了观察与比较的能力。最后，幼儿在已有调查经验的基础上，提出用调查表记录结婚习俗，这也是学习经验的迁移。

【教师的思考与支持】
　　幼儿的教育是与他们的生活融合在一起的，幼儿在日常生活中通过参与身边亲人的婚礼，获得了对婚礼习俗初步的社会认知和情感体验，而关于"抬花轿"这一古时候的婚礼习俗，显然离幼儿的生活经验较遥远，但是从他们的讨论中，能感知他们对古时候婚礼的好奇。因此，教师基于幼儿自发的对"古时候的婚礼"产生的兴趣，及时融入他们的讨论活动，对于绘本中出现的孩子不太理解的情境画面做出适当的解释。从幼儿的谈话中，教师发现幼儿对婚礼习俗的回忆是零散的、浅表的，于是适时地补充相关的知识，帮助幼儿加深了解，丰富幼儿知识。当幼儿表现出进一步了解婚俗的渴望，提出用调查表继续调查时，教师给予充分的支持，与幼儿共同设计调查表。通过分享调查表，获得关于"结婚"文化风俗习惯的认知，并获得一定的情绪情感体验，也让幼儿在完成调查的过程中提高了解决问题的能力。

二、绘本表演进行时

（一）绘编我们的故事

　　孩子们阅读绘本，随着故事情节的变换，不由地做出表情动作的表演。在听到大黑猫来捣乱时，新晨便装作猫的样子，张牙舞爪地吓唬边上的小费；当念到起风时，几个人便张大嘴呼呼地吹着。他们边阅读边表演，吸引了更多的孩子加入了《老鼠娶亲》绘本阅读的行列。

　　一天早上来园，妙妙正画着几只老鼠，对我说："我在画老鼠抛绣球呢，台上戴着头纱的是美叮当，下面的是准备接绣球的老鼠，而大黑猫正躲在一边准备出来吃老鼠。"旁边的睿淇也急着介绍："我画的是他们两个结婚了，有四只老鼠抬轿子，新娘子坐在轿子里，还有的老鼠在吹喇叭。"在他们两人的带动下，其他人也纷纷画起来，有的画小阿郎咬穿墙壁，有的画老鼠村长碰到风云等，孩子们将在脑海中的故事通过笔触展现在画纸上。

　　老师说："你们想不想把自己的画跟大家介绍下呢？"大家都欣然同意。就这样我们的故事交流会便开始了。孩子们拿着自己的作品上台讲述着自己印象最深刻的情节，故事内容已扎根在孩子的脑海中。

绘画故事情节

【幼儿的经验与学习】

幼儿在阅读故事的过程中已经不是简单地停留在阅读层面，而是能够根据画面说出图中有什么、发生了什么事情等等，在此基础上他们还试着自己画故事中的角色，并从模仿到创编。这一过程不但对绘画技能有所提高，而且绘画故事情节的同时也是对故事内容的再记忆，由浅入里，加深了对故事的印象。孩子们通过创编故事，提高了想象能力和语言表达能力。

【教师的思考与支持】

幼儿从看故事到画故事再到讲故事，是"早期读写经验"的一种呈现。"早期读写经验"是指幼儿在理解视觉材料（图画和文字）并尝试运用图文表达个人经验的过程中获得的语言经验，其核心是运用图文等视觉材料表达。因此，教师在发现幼儿自主绘画故事情节之后，积极鼓励，引导幼儿大胆创作，并为幼儿提供"说"的机会，因为幼儿的语言能力是在交流与运用的过程中发展起来的。教师鼓励幼儿把自己的绘画内容重新组织，一方面帮助幼儿再次回忆故事内容，另一方面也丰富了幼儿的语言表达能力，提高幼儿的想象能力。又基于幼儿看书时的投入并时不时地模仿、表演着图书里的角色，教师抓住时机，鼓励幼儿创编图画书或故事情节并进行表演……

（二）确定表演角色

1. 表演哪些角色

在区域游戏中，孩子们都争先恐后地抢着要表演老鼠娶亲的游戏，诺涵和施嫣都在头上盖上头纱当新娘，沈新晨、毛毛和妙妙都想当猫。

"太乱了，太乱了，结婚哪有两个新娘的，新郎也没有。"还没开始表演，孩子们便自乱阵脚。看着他们慌乱的样子，我直接提议："可以先梳理一下有哪些角色，然后对照角色表演。"

在我的建议下，孩子们纷纷出谋划策商量记录的方法和内容，最终决定以表格的形式做记录。这个任务便交给了班级的小博士——小妮妮，在最后呈现的表格中，她不仅画了角色，还在后面标上了数字表示该角色的数量。

统计角色和道具

2. 谁来表演

角色和人数统计好了，但表演时又遇到了一个难题，就是大家对喜欢的角色互不相让，比如有好几个小朋友都想演猫。这次我没有直接给出建议，而是问他们："这么多角色怎么分配?"孩子们想到了猜拳、投票、抽签的方法。比较几种方法，猜拳和投票由于角色数量太多，比较浪费时间，最后决定用抽签的形式分配角色。

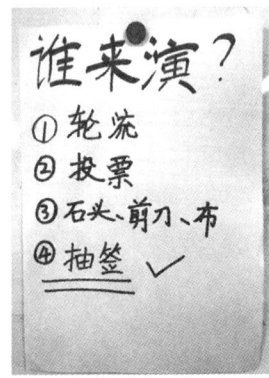 

商量角色分配方法

【幼儿的经验与学习】

孩子们结合实际情况发现在扮演游戏时容易出现角色的混乱,个别小朋友的思维显得过于跳跃,所以我提议先梳理角色,引导幼儿有条理地解决问题。在统计角色时,他们迁移了平时各种活动中运用记录表的经验,设计的表格很直观地呈现了故事中角色的特点以及数量,左边画头像右边用数字表示,计划明确。同时他们也有了一定的替代经验,如在记录敲锣、鼓的老鼠时直接画了锣和鼓。在选取角色时,幼儿对谁扮演故事中的主要角色产生了争执,这时他们能提出轮流、猜拳、投票、抽签等方式解决,将生活中的经验迁移进来,多样化地解决问题。在过程中,幼儿的协商能力、语言表达能力等也得到不断提高。

【教师的思考与支持】

孩子们在确定扮演角色以及由谁扮演的过程中,产生了一系列的合作行为,教师通过"故事里有哪些角色""角色分别有几人"等问题促进了幼儿的合作行为,让幼儿与同伴相互协商,从而达到共同的目标,幼儿通过合作能更加清晰地梳理角色。在角色分配产生矛盾时,引导幼儿自己商讨如何分配,提高幼儿解决问题的自主性。

(三)准备表演道具

角色的分配问题解决了,但没有表演道具的支持没法进行表演,为此我们对道具的准备进行了探索。

1. 表演要用到哪些道具?

结合绘本以及孩子参加婚礼的生活经验,我们针对"婚礼上需要什么"展开了初步讨论,并用图示记录。根据孩子们的回答我们初步罗列蜡烛、锣鼓、花轿、礼服、气球、轿子等几十样东西。"是不是所有的东西都是必须的?"孩子们又继续展开讨论,有的认为蜡烛、菜肴不是必须的可以不要,有的认为找不到合适的礼服可以不要。经过进一步筛选,我们剔除不必要的道具,将一些必要的材料分成两部分:(1)可收集的材料:中国结、红色纱布、红灯笼、气球。(2)可自制的材料:锣鼓、轿子、喜字、头饰。孩子们通过各种途径,收集到了所需要的道具。

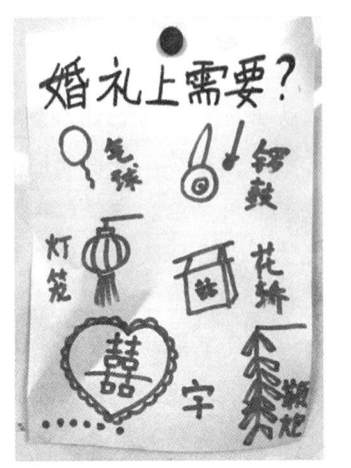 

表演需要的道具　　　　　　　　收集道具

2. 道具怎么做？

红色的纱布、中国结等可以很快地收集到，但一些需要自制的道具让孩子们犯了难。

（1）红红的喜字怎么做？

结婚时门上、窗上都要贴喜字，可没有人带喜字，大家一致认为没有喜字就不喜庆了。丁硕想了想提议："我们可以自己动手剪喜字。"

于是我和孩子们一起查了剪喜字的步骤图，发现有点难度。诗涵提议："我们剪团花吧。"小妮妮说："对，老师之前教过我们剪团花，

剪团花

也很好看。"在诗涵的带领下，几个心灵手巧的女孩开始剪起了团花。

（2）大花轿怎么做？

花轿对于孩子们来说并不熟悉，因此在做花轿前我组织孩子一起查阅了相关的图片，并对如何制作进行了讨论。

幼儿1：花轿中间需要坐人，里面能不能装个凳子？

幼儿2：放凳子不安全，人坐上去容易掉下来，可以站里面。

幼儿3：还要在两边装把手，把轿子抬起来。

……

经过商讨，结合幼儿的能力水平，我们决定制作一个简易的轿子。我们发动家长收集了几个大纸箱，用红绸布覆盖在上面，并在两边贴上喜字。"上次教室的顶上拿下的彩带，你们也可以装饰在上面。"我向孩子们提议。"那我们把彩带在上面围一圈吧。"于是几个动手能力强的孩子将彩带围在上面。

制作花轿

"我家有竹子，我明天带两根过来绑在上面。"陈爽说。

第二天，我帮忙在纸箱子上钻了洞，煜城和几个小伙伴把两根竹子绑在了两边，一顶大花轿完成了。

（3）乐器怎么做？

"乐器有鼓、锣、钹，可以用什么替代？"孩子们开动脑筋搜索可以替代的东西。经过一番商量，大家一致觉得需要从两方面着手，一是能发出声音，二是要能符合乐器的形状。有了这两个着手点，孩子们很快将目标锁定在圆的铁盒上。"可以在铁盒两边系上绳子当鼓""锣的话可以拿铁的盖子穿上一根绳子拿木棍敲"，聪明的小朋友还找了两个锅盖代替钹。这样乐器便也有了。

【幼儿的经验与学习】

表演离不开道具的支持，孩子们通过各种渠道收集道具，共享材料，他们的互帮互助和社会能力都在提高。而制作道具的过程更是体现了艺术领域"表现与创造"的目标，孩子们运用绘画、手工制作等表现自己对道具的认知，充分利用生活中的废旧物品，大家一起动手动脑，做出规划和设计，解决问题的能力越来越强。

【教师的思考与支持】

在幼儿提出自制表演道具时，教师首先做的就是尊重幼儿自发的表现和创造，并且给予适当的指导，与幼儿共同商讨需要准备的材料，发动家长收集丰富多样的材料，并综合考虑材料的适宜性。在幼儿在制作过程中遇到困难时，给予及时的帮助，引导幼儿运用已有知识经验解决制作道具时出现的问题。

三、我们来表演啦

（一）寻找表演场地

一切准备就绪，正式的表演开始啦！在老师的带领下，孩子们分配好角色，了解了自己的表演内容。在游戏时间里，几个小演员热热闹闹地表演起来，可是不多久就发现了新问题——教室太小，总有其他小朋友走来走去妨碍表演的正常进行。"找到一个合适的场地"便成了一个需要解决的问题。小妮妮说："要不我们去走廊上，那边空间比较大。""这样会打扰到其他班的小朋友的。"有人反对。"我们可以去操场，那边地方大也不会影响其他人。"我提了一个大胆的想法，没想到孩子们纷纷表示赞同，于是利用中午散步的时间，我们去户外寻找合适的地方。

来到操场的斜坡边，下面有个桥洞，丁硕认为老鼠呆在洞里，桥洞可以当做老鼠的家。宇哲说："新郎的家就在体能区那边的圆房子里吧，那上面也有很多洞。"诺涵说："我们娶亲的时候可以从桥上走，然后绕过山坡到新郎家。"来到户外，孩子们不断搜索着场地，开始了美妙的规划。

（二）布置表演场地

表演当天，我们将收集的道具带到场地上，诗涵和妙妙将收集的东西进行分类。"我们可以在洞的两边各挂两个，我家过年过节就是这么挂的。"说完诗嫣拿了一大一小两个灯笼准备挂过去。诺涵说："不对不对，应该拿两个一样大的。"说完找了一个同样的递了过去。对于唯一一个最大的中国结，几个人商量后将其挂在了洞口。丁硕和卓沙去贴喜字，毛毛和几个小

布置场景

朋友则将红布系在斜坡的网上,大家分工合作,马不停蹄地布置着新房。

(三)表演开始啦

"老鼠娶亲啦……"随着一声响亮的吆喝,表演正式开始:

小白菜,地里黄;老鼠村,村长老。
村长女儿美叮当,想找女婿比猫强;
太阳最强嫁太阳,太阳不行嫁给云;
云不行,嫁给风;风不行,嫁给墙;
墙不行,想一想,还是嫁给老鼠郎。
花对花,柳对柳;鸡嫁鸡,狗嫁狗。
簸箕簸箕配扫帚。
一月一,年初一;一月二,年初二;
年初三,早上床,今夜新郎娶新娘。
大小老鼠来帮忙,抬花轿,办嫁妆。
新郎新娘早拜堂。
一拜堂,二拜堂,三拜堂来喜洋洋。

故事表演

孩子们稚嫩的童谣声、喜庆的锣鼓声响彻整个操场,一场"盛世"演出开始了。虽然看上去没有我们想象中那样完美,但是,孩子们用自己的体会演出了属于他们自己的戏剧!

回到教室后,我请孩子们谈谈表演后的感受。

妙妙说:"毛毛这次演猫演得非常像,张牙舞爪的。"

玉龙说:"我每次去毛毛家玩都看到他在练习,所以他才能演得这么好。"

诺涵说:"我觉得这次演得特别成功,其他班的人都给我们鼓掌了。"

丁硕说:"我认为敲锣打鼓的应该再有节奏些。"

看着孩子们认真地发表自己的看法,我忍不住赞赏:"演出的成功离不开你们的努力,发现不足才能使下一次的演出更加完美,相信在下次的表演中你们将会更加出色。"

【幼儿的经验与学习】

孩子们在制作完道具后就开始筹备表演。在场地的选择、场景的布置过程中,充分感知到孩子们对扮演活动的高要求:场地的选择由教室到户外,突破空间的局限。幼儿回忆已有的生活经验打扮婚房，在贴喜字、挂灯笼时提出挂在洞口两边、大的中国结放中间等，东西的摆放都有一定的对称性，具有一定的空间布局能力，同时在布置时幼儿的合作能力也得到了发展。表演过程中幼儿认真投入，他们相互合作，共同搭建舞台，遵守表演规则，认真扮演好自己的游戏角色。表演结束后，幼儿从细节方面对同伴做出了肯定评价，学会欣赏他人。同时再次提出表演中的不足，自我反思能力得到了提升。

【教师的思考与支持】

空间的大小影响了幼儿的表演行为，因此当幼儿提出场地太小的问题时，教师支持幼儿去户外寻找更宽阔的表演舞台。在幼儿布置场景时教师充当旁观者的角色，放手让幼儿按自己的想法布置，却出乎意料地发现幼儿能对称性地布置环境，能根据地势将抛绣球的台子设置在桥上，在放置轿子、乐器时，考虑到边上有水池。在表演时上轿的时间比较紧凑，所以在这里教师用问题引导幼儿更合理地安排道具的摆放位置，而幼儿也顺利地解决了这个问题。

后话

老鼠娶亲故事内容有趣，角色形象生动，深受幼儿喜爱。表演活动要求语言、表情、动作的综合运用，这对幼儿来说是一个挑战。

回顾整个过程，由游戏"抬花轿"转入了对绘本《老鼠娶亲》的解读，孩子们和老师一起读故事、编故事、演故事，通过欣赏、制作、表演等不同的形式，体验到了欢乐，感受到了成功。教师只是作为一个参与者，偶尔以引导者的身份引导幼儿去发现问题、解决问题。因此在过程中孩子不是被动，而是自发、主动地去探索，并且在丰富的活动中获得了新的体验，建构了新的知识经验，同时也促进了语言、思维、想象能力和艺术表现力的共同发展，提高了孩子们的自信心和表现力。

故事解读

《抬花轿》课程故事中的儿童，他们对发生在生活中的婚礼非常感兴趣，能够在玩民间游戏"抬花轿"的情境中，迁移经验，迁延到《老鼠娶亲》图画书的阅读，最后丰富"抬花轿"游戏情境为一场戏剧表演。这一系列的活动充分说明了儿童是如何交流他们对世界的理解的。利维·维果斯基有关儿童社会性情感发展的理论认为文化和社会交往对儿童的发展有着重大的影响，是儿童建构知识的主要影响因素。他相信发展是离不开社会背景的，社会交往决定着儿童思维的内容和过程。社会背景包括儿童的生活环境中受文化影响的一切，这就可能包括家庭成员、朋友和老师，以及玩具和书等一些材料。维果斯基认为，文化影响我们的信仰和态度，以及我们如何思考、思考的内容。

在这个故事中，儿童对于不同的婚礼有着不同的理解。对于穿白婚纱的西式婚礼和穿红嫁衣的中式婚礼，他们都有接触。他们正处于中西文化交融的社会文化背景之下，如何去引导幼儿对于传统文化的兴趣与探索，教师在班级环境中提供了《老鼠娶亲》的图画书，幼儿通过阅读图画书，了解中式婚礼的文化背景。

教师在活动中运用维果斯基的理论，认为儿童通过游戏中的角色扮演理解角色的职责，理解角色所处的文化背景，从而支持幼儿去丰富发展"抬花轿"游戏。儿童在谈论婚礼、阅读图画书、调查婚礼风俗、制作道具、扮演角色游戏等活动中，与朋友交流，与家长交流，与老师及其他相关人员交流。成人则给他们提供了需要的文化工具，帮助他们展开这次新的经历，主要策略有：读有关婚礼的书，介绍家庭中的结婚照等。这些熟悉的文化工具帮助儿童理解了传统文化里的婚礼以及家庭成员之间的关系。

合作参与艺术活动有利于儿童之间进行丰富的对话。故事发生的空间从室内到户外，从讨论到表演，其中不乏语言和动作的交流和沟通，在讨论和调查中，儿童也会涉及文化差异的话题。这些讨论和体验还不够深入，对于即将进入小学的儿童来说，教师可提供更多的文化工具，而活动空间可拓展到社区，如参观喜糖铺、婚礼宴会厅等，也可通过不同婚礼现场视频或照片的对比，让儿童感受更多的文化差异，体验文化的多元性。

（故事记录人：范瑛钰）

陀螺转呀转

故事缘起

晨间活动时,久久在自选区找到了一个玩具,孩子们围在一起研究。"这是什么玩具?""怎么玩?"孩子们七嘴八舌地来问我。

"这是拉线陀螺,要先这样摇晃陀螺让绳子一圈一圈地拧起来,往两边一拉,然后陀螺就转了起来。"我一边讲述,一边演示给他们看。

久久接过拉线陀螺,开始玩了起来,他双手各拿一个环,朝一个方向甩陀螺,然后绳子一拉一松,陀螺转了两下就停了,第一次失败了。满满说:"你转的没有老师多。"甜甜说:"是不是要再多摇几下呢?"久久试着很有耐心地甩动着陀螺,等绳子一圈一圈拧得很紧后才双手用力将绳子拉紧,然后松开。"成功了,成功了!""陀螺转起来了!"围观的孩子纷纷拍手,排着队轮流玩拉线陀螺。

回到教室后,孩子们还在讨论刚刚玩的拉线陀螺,他们说着自己玩过的各种陀螺,约定明天一起把家里的陀螺带到幼儿园里来,和好朋友一起玩。于是班级里展开了一系列有关陀螺的探索活动。

一、各种各样的陀螺

(一)不一样的陀螺

第二天,有的孩子从家里带来了陀螺,有的把和家人一起查找的相关信息带了过来。

妙妙带来了塑料陀螺,笑笑带来了只有纽扣那么点大的蓝色木制小陀螺,昊昊从柜子里取出一个大红色的魔幻陀螺。

泽泽打开打印纸,向我们介绍着她和妈妈一起在网上查找的资料,里面有塑料陀螺、木头陀螺和铁陀螺的图片。

小志说:"看,这就是我的像枪一样的陀螺。"

乔乔也带来了陀螺,她的陀螺需要把线绕到陀螺上,然后抽打它才会转起来,跟我们学校里的陀螺是一样的。

乔乔话音未落,甜甜忙说:"我知道,我奶奶说你的陀螺叫"贱骨头"(土话),就是你抽打它越厉害,它就会转得越快。"

每个孩子都热情地向同伴和老师介绍着自己的陀螺,他们还邀请好朋友一起玩自己的陀螺。

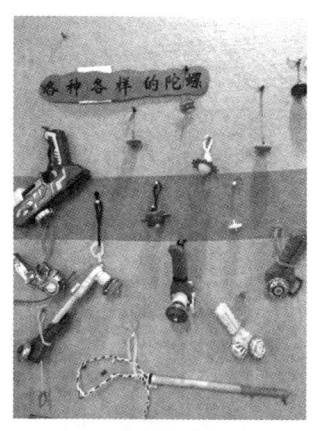

不同种类的陀螺

(二)陀螺怎么玩

我们收集到了许多不同的陀螺,它们的外形、玩法都有很大的差别。首先我请孩子们玩一玩自己带来的陀螺,跟伙伴们介绍陀螺怎么玩。

小志带了一把像枪一样的陀螺,他将陀螺装在发射器上,举起"手枪",朝着地面射击,陀螺被发射到地面,滚了起来。

昊昊带了普通的魔幻陀螺,它有一根细细的棒子,他把陀螺装进装置里,把棒子抽出来,陀螺就转起来了!

乔乔演示了一下手打陀螺的玩法,先把线绕在陀螺凹槽处,然后手拉绳子一抽就好了,陀螺转了两下倒下了。乔乔说要用绳子抽,才能继续转动,可她还没学会。

妙妙手指着按钮介绍说:"老师!我的陀螺在这里按一下就可以转了!"

久久和泽泽带了相同的木头陀螺,陀螺上方有一个小小的手柄,用两只手指捏住手柄一拧,陀螺就转了起来,两人还在桌面上进行了一场小比赛。

介绍陀螺的玩法

陀螺介绍大会结束后，我带着孩子们来到了民间游戏馆，欣赏了长廊里精致的陀螺。

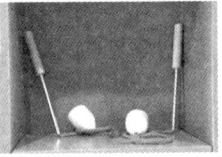

参观民间游戏馆的陀螺

木质陀螺一个个精致、小巧，躺在橱窗里，引得小女生们发出连连惊叹声，都忍不住伸手想要去触摸这些小可爱们。

拉线陀螺个个有着不一样的发射方式，男生们都跃跃欲试，想要试着将陀螺发射出去。满满拿起了一个塑料抽拉陀螺，右手拿着塑料棒，前后抽拉了几次，陀螺随着塑料棒以顺时针、逆时针的方向不断来回转动，最后随着塑料棒的一次性拉到底，陀螺从装置中掉落到地上开始转动。

看到熟悉的抽打陀螺，孩子们马上想到了民游区的抽打陀螺，都嚷着明天晨间活动时要好好玩一玩这陀螺……

(三) 哪个陀螺最难转

孩子们一直沉浸在玩陀螺的过程中，每个陀螺转起来都是有秘密的，有的陀螺按一下就能转，有的陀螺需要拉一下，有的陀螺手指要拧一下，有的陀螺像枪一样扣动扳机。了解了不同陀螺的玩法后，孩子们开始比哪个陀螺玩起来最难。

多次的游戏后他们发现，教室里的陀螺都不难，大家一学就会，只有民游区里的木制陀螺是最难的，大家都学不会。

沈老师说："你们想让民游区的陀螺也转起来吗？"

孩子们纷纷表示想学会民游区陀螺的玩法，于是老师介绍并示范：这个陀螺需要用绳子抽打才能转起来，首先用绳子绕在陀螺的凹槽处，接着用力将绕在陀螺上的绳子拉开，使陀螺在地上快速旋转，然后观察陀螺转动，发现它快要停下时就马上用绳子

木制抽打陀螺是最难玩的陀螺

抽打陀螺底部,陀螺就会一直持续地转着。

对于这样的玩法,孩子们觉得非常新奇,都开始学了起来。

1. 怎样绕线绳不会松掉

孩子们一手拿着陀螺,一手拿着线绳的一端,找到陀螺凹槽处逆时针围着陀螺绕线绳。甜甜左手拿着陀螺,右手拿着绳子,用力拉紧绳子,第一圈绕好了,可是绕第二圈的时候第一圈线松了,她急得满脸通红。其他的孩子也没有成功,笑笑的绳子也松了,挠着头在想办法。昊昊试了几次都不成功,跺着脚说道:"我不会,不想玩了。"在试了多次后,"怎样绕线绳不会松掉"的问题引起了他们的思考。好多小朋友尝试多次后想要放弃,但也有小朋友在无数次的尝试后发现了绕线绳不松掉的方法。

久久说:"我的线不会松。"于是大家都围着他,看看他是怎么做的。久久有模有样地当起了小老师,一边示范一边说道:"要捏住这个头的。"只见久久用大拇指把线头紧紧捏在陀螺上,然后开始绕线,等到绕完了再将大拇指从中抽出来。芯芯赶紧照着久久的方法试一试,也成功了,她举起卷好线的陀螺说道:"久久的方法真好,我绕的线也不会松掉了。"

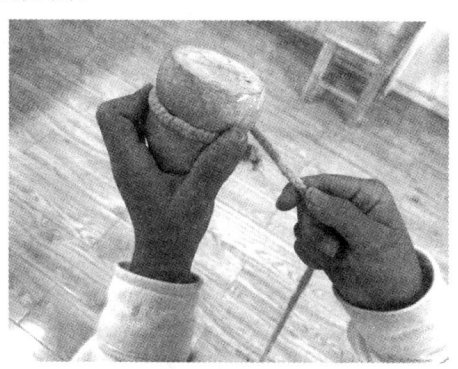

这样绕线不会松

于是,他们把这个方法传授给了其他同伴,很多孩子都尝试了,并取得了成功。

2. 如何抽打陀螺才能转得更久

练习一开始,妙妙又叫了起来:"为什么我的陀螺一抽就倒了?"

"我的陀螺能够转起来耶!"笑笑惊喜地叫道。

芯芯也说:"我的也可以呀。"

妙妙焦急地喊道:"快来帮我看看,我的为什么不可以呀?"芯芯看着妙妙玩陀螺,只见妙妙先将线按照逆时针的方向绕在陀螺的凹槽处,然后用左手将线绳抽出来,这时候陀螺还是旋转的,然后她又换了右手开始抽打陀螺,线绳一打到陀螺,陀螺就停了下来。妙妙试了几次都失败了。

芯芯自己也演示给妙妙看,芯芯将线绳按照顺时针方向绕在陀螺凹槽处,然后左手捏着陀螺，右手握着木棒，将陀螺抽出，陀螺也按着顺时针方向旋转着，看到陀螺快停了，芯芯连忙扬起右手，将绳子抽打在陀螺底部，陀螺继续旋转着。

妙妙低头看着芯芯旋转的陀螺，想了很久，说："我知道了，我是用左手，你是用右手。"

妙妙觉得自己解决了问题，又开始练习。她先将绳子按照逆时针的方向绕在陀螺上，这次她换右手拿棒，迅速将绳子抽出，陀螺按照逆时针的方向转了起来，她又扬起右手上的木棒用绳子抽打陀螺，陀螺被绳子抽到底部，马上失去了平衡，摇晃

尝试玩一玩打陀螺

着停了下来。妙妙又试了几次，都换成右手持棒，可是都失败了。"为什么还是不行呢？"妙妙有些失望地说道。

芯芯说："我发现啦，你陀螺转的方向也跟我不一样呀。"她拿起陀螺演示给妙妙看："你看我的陀螺是这样转的。"

"为什么陀螺转的方向不同呢？"妙妙和芯芯又从陀螺绕线的方式查看，终于发现是两个人线绕的方向不一致，所以陀螺旋转的方向也不一致。

在观察、探究中，妙妙终于明白原来抽陀螺时要跟着陀螺转的方向抽，要抽打在陀螺底部才能让陀螺转得更久。

但是知道方法不代表就能学会，还是有很多孩子没能把陀螺抽打起来，但他们这次没有放弃，而是不断地尝试，一遍不行再来一遍。在坚持不懈的努力下，很多孩子能将陀螺持久地旋转起来。看到自己的陀螺能旋转起来，孩子们无比满足，纷纷要比试谁的陀螺转得更久。

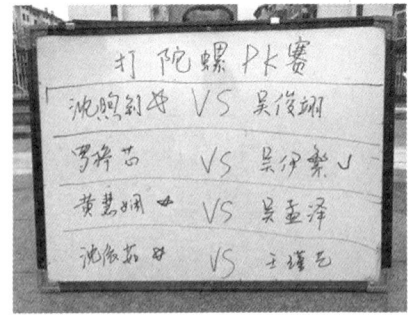 

孩子们比赛并记录

现在他们每天的乐趣就是和伙伴比赛，看谁的陀螺更厉害，往往一比就要好久，乐此不疲。

（四）陀螺怎么放

随着陀螺的关注度越来越高，教室里的陀螺也越来越丰富了。这么多的陀螺放在哪里呢？有的说各自放在小柜子里，有的说这样大家只能玩自己的陀螺了，我们要一起分享玩。关于陀螺怎么放，放哪里，孩子们起了争执。

"我们要分类摆放，我们教室里的东西都是这样放的。"

"可以按照陀螺的颜色来放。"

"不行，有的陀螺颜色太多根本分不清。"

"有的陀螺是木的，有的陀螺是塑料的，我们就这样分。"

孩子们同意了按材质来分类，分着分着，发现木的陀螺太少了，都是塑料的陀螺，还是分不清，怎么办呢？最后久久提议，这些陀螺都有不同的玩法，可以按玩法分。于是孩子们按照陀螺不同的玩法，开始分了起来，并给每种分类做了标记。为了让大家都能够分享着玩，孩子们都决定把陀螺放在经常玩的科学区。

按照颜色进行分类

按照材质进行分类

按照玩法进行分类

【幼儿的经验与学习】

陀螺引发了幼儿的兴趣，幼儿自发讨论着不同的陀螺，了解了陀螺的种类。幼儿是天生的科学家、探索者，他们对世界充满了好奇。好奇心是幼儿学习科学的原动力，能激发幼儿学习科学的兴趣。在好奇心的引导下，幼儿开始收集陀螺，他们观察陀螺，进一步探索了陀螺的玩法，大胆地介绍陀螺在外形和发射方式上的区别，并着重探索了抽打陀螺的玩法。孩子们从如何绕线、如何抽打陀螺两方面进行探索，自己发现问题、解决问题，最终学会打陀螺，并策划比赛、记录成绩。随后幼儿又发现了陀螺收纳的问题没有解决，于是他们根据陀螺不同的特征，尝试将其进行分类整理，最终找到适合的收纳分类方法，体会到数学在日常生活中的用处。这不仅发展了幼儿的表达交流能力，同时也发展了幼儿的科学思考能力。

【教师的思考与支持】

教师善于发现和保护幼儿的好奇心，激发幼儿的探究兴趣。教师通过观察，从幼儿的对话中紧紧抓住了他们的兴趣点，并支持幼儿开展探索。幼儿科学学习的核心是激发探究兴趣，体验探究过程，发展初步的探究能力。在探究陀螺玩法的过程中，孩子们运用观察、比较、操作等方法，学习发现问题、分析问题、解决问题。教师在过程中鼓励幼儿，引导幼儿自己解决问题，帮助幼儿进一步探究。实际操作是开展探索常见的方法，幼儿主动提出要分类收纳陀螺，教师给幼儿提供分类标识，在幼儿遇到问题时引导幼儿想到新的分类方法，帮助幼儿进一步实施操作。

二、陀螺怎么做

孩子们对陀螺越来越熟悉了，他们开始好奇陀螺的结构。为什么陀螺能够转起来呢？孩子们决定先通过做陀螺来了解陀螺的构造。于是，一次有趣的自制陀螺活动开始了。

（一）用哪些材料来做

做陀螺前我们先一起观察了陀螺的特征。

笑笑发现教室里的陀螺都是圆圆的。

久久说："陀螺底下都有个尖尖的，陀螺都绕着这个尖尖的转。"教师适时指导，将这个统称为"轴"。

小满说："那我们用什么材料来做陀螺面和陀螺轴呢？"

孩子们来到了班级收集站，找到了一些卡纸、纸箱和平时吃饼干后留下的小盒子，于是决定用这

收集站的材料

些纸来做陀螺的面。而制作陀螺的轴，孩子们则来到美工区寻找材料，有的孩子选择了牙签，有的选择了一次性筷子、树枝等。

（二）怎样找陀螺面的中心点

孩子们都挑选了自己喜欢的一些材料，开始制作起陀螺来了。

可是做陀螺时轴要插在哪里呢？陀螺是不是一定要圆的呢？

笑笑认为教室里的陀螺都是圆形的，应该只能做成圆形的。甜甜反驳道："可是我上次用积木搭了正方形，也能转起来的。"

孩子们的观点无法统一，于是我们做了一个小实验，分别用圆形、三角形、六边形、正方形四种对称图形作为陀螺面试验品。然后我们又测试了轴

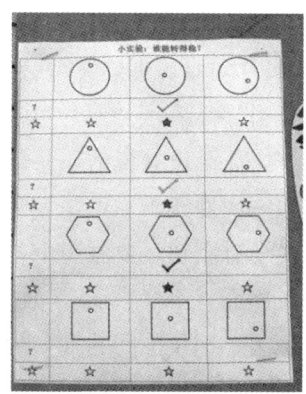

实验记录单

在中间和轴偏在一边这两种情况下陀螺的转动情况。经过试验，孩子们统一了观点：轴设计在陀螺面的中心，陀螺旋转得更稳；陀螺面可以有不同形状，三角形、圆形、正方形、六边形都可以的。

那如何寻找陀螺面的中心点呢？

娴娴想到了以前折纸老师说过的话："正方形角对角折完后，两条线交叉点就是正方形的中心点。"

那其他图形也是这样吗？孩子们对折了不同的对称图形，发现两条线交叉点确实都在中心位置，因此认同了这个想法。

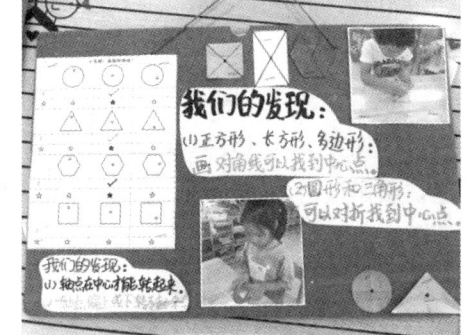

孩子们的发现

（三）陀螺为什么转不起来

孩子们制作好了陀螺后，开始在桌面上玩了起来。但是在玩陀螺时并没有孩子们想象中那么简单，出现了各种各样的状况，他们自己制作的陀螺并没有顺利地转动起来。

1. 陀螺面与轴的比例不够协调

久久在桌面上玩自己制作的陀螺，一连好几次他用力拧动用牙签制作的轴，可是陀螺就是没能转起来，久久皱起了眉头。

钱老师说:"你先说说你转陀螺的时候有什么感觉?"

久久说:"感觉陀螺面有点重,牙签转不动它。"

"对呀,那你觉得会是什么原因呢?"钱老师继续引导。

久久没有说话,而是把牙签拔了下来,找了一根一次性筷子。可是,久久犹豫了,说:"一次性筷子有点粗,要戳一个好大的洞才行,这样,我的陀螺面就不好看了。"他想了一会儿又将牙签插了

久久发现陀螺面太重

回去,捏住中间的轴(牙签)将自己的陀螺举了起来,然后另一个手拨动了一下陀螺面,陀螺转动了起来,于是,久久再次用力地拨动陀螺面,这次陀螺"呼呼呼呼"地快速转动了起来。

久久说:"看,我的大陀螺这样就可以快速地转动了起来。"

2. 陀螺面无法固定在轴上

甜甜制作的是插着牙签的一个小陀螺,一开始转得很好,可是玩了一会儿,陀螺转不起来了,老是倒下来。

甜甜发现:"洞洞变大了,牙签老是会掉出来。"

她先剪了点纸片塞在洞洞(陀螺面的中心点)里,洞洞被塞满了,然后将牙签插入其中,可是纸片掉了出来,没有成功。

甜甜说:"纸片不行,一会儿就掉出来了,要找个有黏性的材料才行。"

一旁正在玩橡皮泥的睿睿递了一些橡皮泥给甜甜,说道:"橡皮泥不就是有点黏黏的吗?"

甜甜成功制作了陀螺

甜甜捏了一小块橡皮泥,分别在陀螺面的正反两边都粘上了一点,然后再插入牙签,橡皮泥没有掉,洞洞变小了。她用力拧动牙签,陀螺"嗖嗖嗖"地转动了起来,甜甜开心地拍起手来。

昊昊在玩陀螺的过程中也出现了跟甜甜一样的状况,昊昊说:"这个洞洞有点破了,我给它补一补就好了呀。"昊昊在洞洞的上面贴了很多的双面胶,

直接将洞洞给封了起来,然后插入牙签,试了一次,发现还不是很稳,于是,他取出牙签,在反面也贴上了一层双面胶后再插入牙签,拧动牙签后,陀螺快速地转动了起来。

(四）制作不一样的陀螺

孩子们不仅制作了纸陀螺,还制作了其他各种各样的陀螺,有积木的陀螺、有泡沫做的陀螺、有木头的陀螺等等。

妙妙用一片雪花片作为中心,沿着中心插了第二排雪花片。甜甜看到后说:"这个也可以转。"于是妙妙将其由圆心继续往外扩大,做成了一个大陀螺。

孩子们还发现光盘中间有个洞,刚好可以插入轴,于是用各种材料来装饰光盘,将光盘也改造成陀螺。

不同材料制作的陀螺

(五）自制陀螺对抗赛

陀螺制作完成了,孩子们纷纷拿着自己的作品进行比赛。我给每个陀螺做了编号标签,方便他们记录结果。

久久和小满开始比赛,两人同时用力转起陀螺,两双眼睛都紧紧盯着陀螺看,小满的陀螺先倒下了,她满脸失落。"耶,我的比你的转得时间长。"

久久取得了胜利欢呼起来,并且拿起笔在表格中记录参赛陀螺的编号,在胜利的空格里打钩。小满依旧不服输,看到自己的纸片陀螺的陀螺面有些破损,他选择了新的材料——光盘,然后对久久下战书:"我要再做一个跟你比。"

孩子们都不服输,两两对抗过后,输的那一方都改良自己的陀螺要与对手再战一局,因此我们班级科学区的陀螺竞赛排行表一直在不断地变化。

【幼儿的经验与学习】

幼儿从材料的选择、陀螺的设计上都进行了激烈的讨论。在制作陀螺的过程中,幼儿遇到很多问题,他们都积极地寻找解决问题的方法。在寻找陀螺轴的过程中,孩子们尝试用实验、记录的方法,选择了六边形、圆形、三角形、正方形这四个图形进行实验,并最终找到了陀螺轴应该处于图形的中心点处。在过程中幼儿发展了观察实验和设计制作的能力。

在正式开始制作陀螺时,幼儿们也遇到了各种各样的问题,他们通过观察,发现问题,并尝试用其他材料进行补救,动手操作解决了问题。幼儿在科学思考中逐渐学会比较和概括,学习推论和预测,锻炼了思维能力,促进探究问题的解决。

【教师的思考与支持】

幼儿学习科学的过程,实际上就是探究的过程——观察现象、提出问题、做出假设、检验假设、形成结论。面对幼儿选择材料,设计陀螺,寻找陀螺轴的位置,解决转不起来的问题等一系列探索活动,教师都以观察者的身份参与。当幼儿发现问题时,教师都会在幼儿的身边引导他们解决问题,幼儿遇到困难时,教师给予幼儿一定的物质帮助,鼓励幼儿做出假设并检验,最终解决问题,让幼儿体验科学思考的快乐,发展自身的探究能力。

三、找找像陀螺一样会旋转的东西

随着对陀螺旋转秘密的探索,孩子们开始关注旋转,他们发现生活中很多东西都能旋转。于是,我们的寻找之旅开始了。

(一)教室里会旋转的东西

泽泽张开双臂,双脚小碎步地转圈,激动地喊道:"我们的身体就会转呀!"

久久环顾四周,指着墙上的钟说:"我知道,这个墙上的钟会转。"

欣欣说:"科学区的指南针也会转。"

孩子们还发现悬挂在墙外的空调外机的扇叶会旋转,卫生间下水口的水也是旋转着进入下水道的,卷笔刀也可以转……

寻找并记录教室里会旋转的物体

（二）幼儿园里会旋转的东西

接着，我们走出教室，到幼儿园里去寻找会转的东西。

宸宸说："那我滚铁环时铁环也会旋转呀。"

谦谦找到了为了开展民间游戏节而新装上的风车，风一吹过来，一排的风车同时转了起来，可漂亮了。

小米在民游馆找到了一个机器，她摇着把手说："还有这个绕线的，也会转。"

妙妙在操场上找到了皮球，用脚踢了一下，球就在地上滚了起来。

甜甜来到百草园找到做绳子的机器说："还有做绳子的，也会转。"

贝贝来到炊事区寻找，他看到了石磨，推着石磨说道："还有这个，转起来就能磨豆浆啦。"

孩子们还发现大型玩具上的木头风车也会转动，人从螺旋滑滑梯上滑下也会转动……

寻找幼儿园里会旋转的物体

（三）家里会旋转的东西

孩子们还回到家里寻找会转的物体。

宸宸找到了妹妹的新玩具——八音盒，按下按钮后，八音盒上的小公主就会开始旋转，边转边唱歌。

小米说："我家的地球仪也能转动呢，站着就能看到不同的国家。"

欣欣说："电扇也会转，转起来就会有风。"

悦悦找到了爸爸的电动车，车子开起来时，轮子就会转。孩子们用绘画的形式记录教室中、幼儿园里、家里以及生活中会旋转的物体。

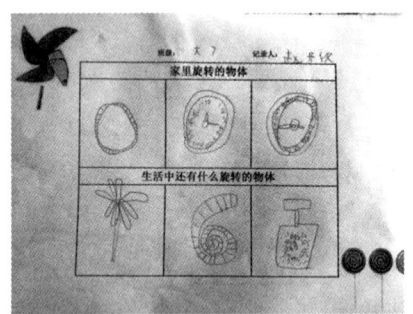

寻找并记录家中会旋转的物体

四、旋转的作用

（一）旋转让我们的生活更方便

孩子们激动地寻找着各种各样旋转的东西，不仅如此，他们还关注到了这些旋转物品的作用。

嘉妮发现了旋转可以把脏物品洗干净，洗衣机一转就把脏衣服都洗干净了。

开欣说："我最喜欢旋转木马，转起来的感觉很好玩。"旋转还能让人变快乐呢。

小米发现东西转起来会有风，电扇、空调都是因为旋转才会有风的。

欣欣说："旋转的物品还可以飞呢。"

久久说："对呀，竹蜻蜓会飞，直升机也是这样飞的。"

"轮子转起来还能让车子、自行车都跑起来，让我们赶路更方便。"

……

满满说："旋转的物品本领真大呀。"旋转可以让我们的生活更方便。

（二）有些旋转很可怕

旋转除了可以使我们的生活变得更加方便，也会有一些可怕的力量。

涛涛介绍了自己在电视上学到的知识，太空中有个黑洞，可以吸走所有东西。

航航说："龙卷风也很可怕，还可以把所有东西吹走呢。"

妙妙说："水里的旋涡也是旋转着的，如果游泳的人碰到旋涡就会被拖入水中，会淹死的。"

孩子们都纷纷发出害怕的叫喊声。

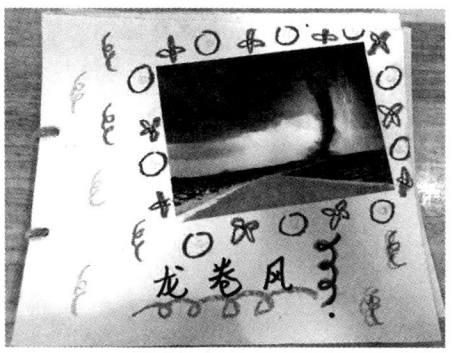

可怕的龙卷风

（三）设计有用的旋转

孩子们了解旋转物品的作用后，开始了自己的设计。

妙妙自豪地介绍着自己的作品："看，我设计了一辆会飞的汽车。爸爸每次接我迟到都说是堵车，我给他设计这辆会飞的汽车，每次遇到堵车，它就飞起来了，这样爸爸就不会迟到了。"

沈依茹说："我这个是会飞的房子，除了顶上有大转盘，我还在两边设计了小翅膀，这样房子可以稳稳地飞在空中。出去旅游的时候就不用住宾馆了，我在家里就能去各个地方旅游了。"

会飞的房子

欣欣说："我还设计了不一样的潜水艇，四周有齿轮，转起来会有旋涡，很快就能潜入海里。"

孩子们对旋转的兴趣依旧浓厚，我们的旋转探秘之旅还将继续推进。

【幼儿的经验与学习】

幼儿自发开展了寻找旋转物品的活动，从教室里、幼儿园里、家里、生活中，一步步扩大寻找的范围，在活动中通过教师、家长、社会人士和网络调查等方法了解旋转物品及其作用。孩子们还根据了解到的旋转的作用设计了自己的作品，创造性思维得到发展，并大胆介绍自己设计的作品，发展了语言表达能力和创新思维。

【教师的思考与支持】

对大班幼儿来说，他们已经到了真正需要答案的年龄，当他们的问题得到了真正的解决，他们的好奇心才会得到充分的满足。当孩子们对旋转产生兴趣时，教师鼓励儿童用自己的方式去探究、寻找答案。幼儿通过问父母、观察实物、网络搜索、观看科学节目等多种方法了解旋转物体，教师认为这种通过多种途径寻找答案的学习品质，是幼儿园教育的重点。教师在此过程中需要做的就是鼓励和支持幼儿的好奇心和探究欲，适当引导幼儿动手动脑去探究，并提供合理协助，在探索中引导幼儿进一步思考，维持幼儿探究的兴趣，提高探究品质。

故事解读

《幼儿园教育指导纲要（试行）》在第二部分的教育目标与内容要求中，对科学领域提出的目标为"激发幼儿的好奇心和探究欲望，发展认知能力"。在具体目标的表述上有五个方面：1. 有好奇心，能发现周围环境中有趣的事情；2. 喜欢观察、动手操作和实验，积极寻求答案；3. 初步理解事物的数量关系，能用比较、分类、测量等简单方法探究事物；4. 愿意与同伴共同探究、互相交流、分享各自的发现；5. 喜爱动植物，亲近大自然，关心周围的生活环境。

《陀螺转呀转》课程故事中，幼儿经验的获得，非常巧合地与《纲要》中的科学目标对应；而教师对于幼儿的引导，也是符合《纲要》科学领域提出的"教育要求"和"指导要点"的，如"引导幼儿注意身边常见的科学现象，感受科学技术给生活带来的便利，萌发对科学的兴趣"等。故事中孩子们对"旋转"这一科学现象的关注，正是在老师的引导启发下展开探究的。幼儿在一个多月的时间里，持续地对陀螺的探索，正好在完成科学领域的相关目标。其实在这个课程故事里，幼儿还有其他领域目标的达成，如健康、艺术等等，一个引导幼儿进行深入学习的探究活动往往带给幼儿综合的发展。

该课程故事中的教师的教育行为，也能做到《纲要》提出的"教师在教育过程中应成为幼儿学习活动的支持者、合作者、引导者"。

一是教师以接纳、尊重的态度理解幼儿玩陀螺,给陀螺分类,探索陀螺的制作等想法,支持、鼓励幼儿大胆地探索陀螺的各种玩法,表达探索中所遇到的问题和解决问题的方法。

二是教师能敏锐地察觉幼儿在活动中的反应。当幼儿按计划进行陀螺制作出现问题时,引导幼儿去发现问题,和幼儿一起寻找原因,及时调整活动计划,提供幼儿适宜的支架。

三是教师善于发现幼儿感兴趣的事物,如对于旋转带给人们生活的改变,把握教育时机,引导幼儿大胆想象,设计自己的旋转发明,给幼儿种下一颗发明创造的种子。

该课程故事中教师真正领会了《纲要》的精神,在教育实践中贯彻落实《纲要》,是广大教师开展教育活动的一个典范。每一个教育故事都有遗憾,在这个故事中,教师对于幼儿在创造发明方面,如果能多开发一些资源,如讲述发明家的故事、提供有关科学创造的图书等等,幼儿就会多一些前期经验,会带来更多的发明创造方面的惊喜。

(故事记录人:沈伊婷)

后记

说不完的故事

故事是说不完的，书中记录的民间游戏课程故事，只是我们和孩子共同成长中的一小部分，这些记录下来的故事，也正反映着我们和孩子的相处之道，映射着幼儿园的课程之路。细品每一个故事，共情在故事间，我深受感动，意犹未尽。

在每一个课程故事里，"幼儿的学习与经验"板块可以清晰地看到孩子们的学习和成长。体悟、回顾与孩子在幼儿园的所有经历，我们总是会被孩子们所感动，他们的天真、善良、好奇、坚持，他们对于生灵的敏感，值得我们每一位教师学习。

孩子的世界，是一个充满灵性的世界。他们会为了小壁虎、小羊长有尾巴，而自己没有长尾巴而苦恼，正因为这种苦恼与不甘，让他们创造出各种各样的"尾巴"，成就了"揪尾巴"课程故事。他们会为了找到木头，走遍幼儿园的各个角落，尝试运用锯子、锤子等工具创造出属于他们自己的"木头人"。他们会为了研究贝壳的硬度，不惜用工具敲碎心爱的贝壳，尝试一次不成功，他们还会继续探索下去，直到找到他们心目中最硬的壳……他们做事时那全神贯注的神色，高兴时那天真烂漫的表情，统统都感染着我们，这是多么宝贵、多么本真的学习状态。孩子们的灵性是在游戏中生发的，正是在这样一个个游戏中，孩子们体验着自由，追求着自由，创造着自我，创造着世界。

故事中我们很少看到教师的身影，那她们在哪呢？在"教师的思考与支持"板块可以看到，她们一直站在孩子的背后，默默地支持着。每位老师的教育方式都是不同的，但在不同中我看到了她们相同的教育观，看到她们正在共同追求着真实、善意和美好的教育。教师的专业发展不是一个结果，而是一个过程。在每一次故事撰写中，在与孩子共同学习、生活的每一个时刻中，在对自己进行深度探寻的过程中，她们学会了保持孩子灵性的方式。当孩子们在为用什么材料来制作陀螺争论不休时，老师鼓励甚至"纵容"他们亲身去尝试，有了老师的"纵容"才有了那么多的"积木陀螺""碟片陀螺""纸板陀螺"，才有了方形、圆形、三角形等奇形怪状的陀螺。

  站在孩子背后，老师是善于陪伴的，有了老师的陪伴、鼓励，才有了孩子发起的各类活动，才能让这些经典的民间游戏成为今天孩子的游戏，才能让民间游戏的故事不断地讲述下去。

沈珍珍

2020 年 10 月